闲不下来的成都

YOU成都 著

成都时代出版社
CHENGDU TIMES PRESS

图书在版编目（CIP）数据

闲不下来的成都 / YOU 成都著 . -- 成都：成都时代出版社，2020.10

ISBN 978-7-5464-2685-3

Ⅰ . ①闲… Ⅱ . ① Y… Ⅲ . ①地方文化 - 介绍 - 成都 Ⅳ . ① G127.711

中国版本图书馆 CIP 数据核字（2020）第 188429 号

闲不下来的成都

XIAN BU XIALAI DE CHENGDU

YOU 成都　著

指　　导　成都市推进“三城三都”建设工作领导小组办公室
项目统筹　蒋　丽
策　　划　康筱韵
责任编辑　李卫平
责任校对　李　佳
责任印制　张　露
书籍设计　郭　映

出版发行　成都时代出版社
电　　话　（028）86742352（编辑部）
　　　　　（028）86615250（发行部）
网　　址　www.chengdusd.com
印　　刷　成都市金雅迪彩色印刷有限公司
规　　格　170mm × 235mm
印　　张　10.75
字　　数　250 千
版　　次　2020 年 10 月第 1 版
印　　次　2020 年 10 月第 1 次
书　　号　ISBN 978-7-5464-2685-3
定　　价　48.00 元

终有一条路
会把你带到成都（代序）

吉狄马加

阿来

让－吕克·蒙特罗索

三人圆桌谈

城市生活的本质，是汇聚；而成都，就是这种本质完美丰腴的实际存在。在她的历史中，生活样态层层累积，让她变成了我们今天看到的模样。在她深厚的土地之上，每一条大街小巷，每一条道路的神经末梢，最后似乎总是指向她的内心，指向她向世人敞开的圆桌。

从建造她的第一铲泥土落下开始，关于成都的言说，就无处不在，也永不落幕。但在此刻，在“YOU成都·新推荐”第一季里，我们有必要在成都的思想穹顶下，展开一小方茶话。我们邀请了三位与成都有着特别链接的人，加入我们。

他们是诗人、中国作家协会副主席吉狄马加，作家、四川省作家协会主席阿来，和成都当代影像馆馆长、法兰西艺术院通讯院士让－吕克·蒙特罗索。

他们来自成都之外：从奢侈的空旷山原，到收容着多样艺术的大都会，我们的诗人、小说家和艺术馆馆长来到成都，顺着他们各自的道路。

我们向他们抛出的问题既关乎私人，也关乎成都：我们期待他们回忆他们与成都的第一次相遇，描述他们眼中成都当下的样子，想象成都可触及的未来。

他们的回答，如同成都一般，是高度复杂的汇合。

我们知道这些汇合将编织出更多斑斓的路，更知道我们的读者总是会顺着其中的一条道路，来到他们的成都。

是什么让您来到成都，第一次见她有什么感受？

吉狄马加

我与成都的缘分是奇特的，也是深厚的。

我 10 岁时第一次到成都，陪我妈妈看牙医。我们住在妈妈的一个同事的父母家里，我还依稀记得那条街叫红光东路，据说后来又恢复了以前的称谓“青龙街”。因为那时候总会听见老人说青龙街，但孩子们总会告诉我这条街叫红光东路，因为怕走失了回不来，红光东路被我牢牢地记在了心里。

我还记得那是一个夏天，知了的叫声从早到晚，给人带来无穷无尽的想象。每天，我都会躺在发热的草席上，在知了的叫声中渐渐地进入梦乡。接待我们的主人很热情，还专门邀请我们去看了一场精彩的杂技表演，这是我人生中第一次看杂技。

这么多年过去了，逝去的时间好像被罩上了一层又一层薄薄的雾霭，成都第一次给我留下的记忆和印象似乎永远和炎热的天气、从未间断过的知了的叫声、红光东路那个古老的院落里潮湿的气息、我和那个院子里同龄小孩在傍晚时为乘凉的大人们唱歌时的情景连在了一起，在今天看来，这一切是多么的扑朔迷离而又令人充满了怀想啊！

阿来

我 1996 年来到成都工作定居，从小地方来到了大地方。因为从事文化工作，自然期望在一个有文化积淀，更有文化活力的地方生活与工作。

成都这个地方，其好处就在于物质消费发达的同时促进了文化的发达。杜甫从苦寒之地秦州来，到成都的第一首诗，就既看到“曾城填华屋”的物质丰裕，更看到“吹箫间笙簧”的文化发生。如果说李白诗写“九天开出一成都，万户千门入画图”是写物质的形态，那杜甫诗写“锦城丝管日纷纷，半入江风半入云”，就有某种精神气质在了。

表面看来，成都这座城市烟火气很重，很物质，吃、喝、玩、购，需求很旺盛，但依然掩不住背后的文化意味和文化需求。也就是说，这座城市是有某种文化气质在的。成都的艺术群体，其创造力与具体实绩都有目共睹，在全国也占有自己突出的地位。所欠缺的，只是言说与挖掘不太够、不太深入罢了，有点过于被火锅、茶馆之类符号化了。

我自己喜欢的，是杜甫诗里写过的成都，还有范成大写过、陆游写过的成都。在近代，是李劼人写过的辛亥革命前后的成都。当然，我们作为成都的居民，也有责任写出现在的成都。为此，我也小努力过，写过一本成都的草木记、古诗中的草木记，叫《花重锦官城 · 成都物候记》。

“岷蜀地千里，海棠花独妍”“黄师塔前江水东，春光懒困倚微风。桃花一簇开无主，可爱深红爱浅红”，都是城市的韵致，城市的风貌。

让－吕克 · 蒙特罗索

我第一次来成都是 2015 年。在此之前，我对这座城市几乎一无所知。下飞机以后，我发现她在城市建设方面已经超过了欧洲。人们告诉我，我住的酒店对面就是法国建筑师保罗 · 安德鲁设计的建筑，她的国际化程度也远超我的想象。

在此之前，我在巴黎结识了摄影艺术家钟维兴（成都当代影像馆创始人），初次见面就相逢恨晚。2018 年，我结束了欧洲摄影博物馆的馆长任期，欣然接受了钟维兴的邀请，出任成都当代影像馆馆长。

当我还是小孩子的时候，就有人告诉我：“你将拥有绝妙的一生，你会一直一直旅行。”对我来说，成都就是我 70 岁的人生一段新的旅程。

当下的成都，哪一点让您觉得最动人、最新奇、最意外？

吉狄马加

每天都在发生着意想不到的变化，这句话适用于任何一座城市，当然也适用于成都。如果说成都给我带来过最动人、最新奇、最意外的东西，那就是作为一个具有极大包容性的城市，它所散发出来的从古代一直延续到今天的文化多样性的张力。正因为这种包容性所产生的创造精神，才使这个由历代移民为主体所构成的城市，在今天形成了在本质上区别于其他任何一座城市的特殊品质和风貌。

令我欣慰的是，每一次来到成都，当徜徉于高楼大厦之间时，我总会从普通人的具体生活中感受到隐秘的传统还在延续，这座城市的基因和密码并没有在现代化的进程中中断。当然，这并不是说我们的精神和文化没有遭遇到阻碍和困境。我只想说，如果成都失去了它的传统和多元的文化，那成都还可能继续散发出那光芒四射的活力吗？当然是不可能的。或许正因为如此，处在变化中的成都，始终给我们带来惊喜和意外，这些惊喜和意外将永远与这座城市的文化魅力息息相关。

阿来

我来成都的时候，这座城市正开始大规模的城市建设和重新美化， 最大的整治工程就是府南河的治理。从此，这种努力一直没有停止，一直持之以恒。在城市扩张和建设的同时，始终注意城市的宜居与美化。今天，众多公园、漫长绿道，对市民都是很好的福利。

除此之外，博物馆、图书馆、书店等公共文化设施的增加，服务质量的改善也是令人兴奋的。但文化要更具活力地发展，还需要下大功夫。使文化形成生产力，有了生产力，才能把各种类型的文化人的创造冲动汇集起来，变成一系列具体的、高质量的产品。只有这样，这种文化才是真切而充实的。

让－吕克·蒙特罗索

这几年当中我飞往成都十几次，最长会停留十几天，让人惊讶的依然是她的建设速度。我一直住城市南边的酒店，从酒店去美术馆的路上，我发现不断有新的立交桥建起来，从未停歇。

在成都， 一开始我就去了金沙博物馆、 成都博物馆， 这座看起来如此现代化的都市， 却有着这样深厚的历史。之后我去了更多的美术馆和博物馆，试图发现艺术机构在这座城市里的角色和地位。我发现像麓湖 · A4 美术馆这样的机构在城市里坚持了十几年并依然保持极高的水准，这不得不让人惊叹于成都人对艺术的热情——这跟她丰富的夜生活一样迷人。

去年（2019 年），仅购票前往当代影像馆的观众人数就达到了五万人之多，这足够称为不小的惊喜。

您觉得十年后的成都会生长成什么样子？您本人对她有何期待？

吉狄马加

有人说诗人有预言未来的禀赋，很遗憾，我不会为成都做这样一个预言，因为十年后的成都和今天的成都肯定是不一样的。

我希望这座城市在若干年后，仍然是一座适宜于人居住的城市，人永远是这座城市的主人，而不是被我们建造的任何一种物质形式所压迫。希望这座城市能生长出更多的花园，洁净的天空能经常看到鸟的飞翔，不要因为人口的聚集而让空气和环境变得让人忧虑、紧张。当然更希望这座城市永远储存着无与伦比的文化上的活力，而这种活力正是来源于她的包容和接纳，任何时候都不能让狭隘的排他主义在这座伟大的城市有存活的空间。

阿来

我来成都快三十年了。这三十年间，成都城市规模的扩张、经济体量的增长，都是出乎意料的。作为成都居民，当然是为之自豪的。

但我的期待还是她作为一座文化古城，更富文化气质一些。成都是有丰厚文化资源的，但挖掘还不够，还不够彰显。

举一个例子吧，成都人以爱喝茶出名，成都以茶馆众多出名，成都周边山地也出产上好的茶叶，那我们能不能把文化和消费结合起来，创出一个以至多个大的品牌？喝茶已成为文化现象，但只是一种消费文化现象；而品牌的创立，就得有文化参与才能实现。

仅就文学而言，现在的成都，居住着好些好的小说家、名编剧，如果能搭建出好的平台，就能创造出好的，至少可以风行中国的成都故事来。老故事等待挖掘，新故事等待彰扬。这不是作为一个文化人非得说点重视文化的话，而是因为，往长久了说，文化才是一个城市永不褪色的灵魂与标识。

让－吕克·蒙特罗索

成都的城市发展速度不会减慢。十年之后，我个人认为，成都会是中国西部最大、文化最领先的城市——毫无疑问。她甚至会超过欧洲和美国的很多城市。

未来的成都无疑会成为一座生态示范城市。我希望，它也能成为影像艺术之都。成都是很早就开始专注影像类博物馆的城市，这对整个中国来说都很重要。当代影像馆虽成立不久，但已迅速成为一个国际性的艺术和文化标杆。你可以看到在欧洲很多艺术类媒体，提到成都的频率越来越高。我们可以清楚地看见成都市政府对此的重视和支持，我们背后的府河摄影公园也是在市政府的指导下建立的。熊猫是成都的一个重要标志，我们也希望，在未来，影像艺术也能够成为成都市的标志之一。

目录

闲不下来的成都

也是历久弥新的成都

自从古蜀先民抵达富饶的成都平原，
他们动荡的迁徙终于找到安定的据点，
在此繁衍生息，一年成聚，二年成邑，三年成都。

随着鳖灵凿金堂，李冰开都江堰，
“江水初荡潏，蜀人几为鱼”的成都平原，
逐步变成“水旱从人，不知饥馑”的天府之国。
“安逸”“闲适”，成为这座城市最深入人心的标签。

以成都为题，已诞生了无数如岷江奔流般的诗句：
这里有“蚕丛及鱼凫，开国何茫然”的神秘，
有“九天开出一成都，万户千门入画图”的石破天惊，
有“我行山川异，忽在天一方”的陌生与惊喜，
有“日照锦城头，朝光散花楼”的自由和飘逸，
有“喧然名都会，吹箫间笙簧”的喧嚷和繁华，
又有“美酒成都堪送老，当垆仍是卓文君”的咏叹与温柔。

以成都为题，
还将诞生无数新鲜如朝露的诗句，
因为这座有着4500年文明史、
2300年建城史的城市，
从未停下自己更新的脚步：

在熟悉的街区蓦然四顾，
或者在陌生的场域盎然探索，
你总会不经意发现，在这座城市里，
一个个新空间正在敞开自身，
一道道新美味正在制造快感，
一处处新地标正在拔地耸立……

这是历久弥新的城市，
这是“闲”而不闲的成都。

城市的活力仍不断绽放，
但此刻令人惊异的美，
正招引我们慢下脚步。

时尚空间

从李白的“画图”，到城市的秘境

在太阳神鸟炫目的光耀下，成都人敲起石磬——饱浸着艺术精神的声音，就这样在成都人的心里，跳跃了三千年。

在诸多关于成都的抒情里，李白的“九天开出一成都，万户千门入画图”，让成都的美俨然在九天云外，别开生面。

若让李白和他的后继者来推荐成都最时尚、最艺术的“闲”，或许是这样：去成都传说中的石镜前自照，登锦城散花楼远眺山河，在锦江上泛舟，饱览湖光水色……

对现代成都人来说，时尚与艺术的表达则有更奇绝的载体。

在城南，我们看到极星成都生产基地时尚、深邃的黑色钢结构主体，如同一头深海中的巨鲸，拔地而起。这座充满设计美感的建筑，使得这个生产基地成为全球最具艺术气息的汽车制造工厂之一。

在天府广场，我们看到成都博物馆的外立面由无数异形单元铜板和玻璃拼接而成，如同一块“金镶宝玉”。它不仅展陈着以“花重锦官城”为名的成都几千年的历史文化，还不断尝试着更新和突破，让文博以更时尚、更年轻的方式，走入人们的生活。

成都最值得打卡的时尚艺术空间有哪些？嘘，这里藏着城市的秘境，值得期待。

元气街区

厚重与轻盈，骨骼和生机

成都的街是厚重的：在成都街巷的延伸与转折处，处处都能看到那些耀眼的灵魂。

来自秦中的张仪，筑造大城与少城，规整出成都街巷的骨骼；来自南阳的孔明，在成都的地图上留下了自己的名字；来自巩县的杜甫，更是把永远的草堂留给了成都……

从五湖四海来的人，一步一步走出了成都的街巷。

成都的街又是轻盈的：“二十里中香不断，青羊宫到浣花溪”，这是宋人陆游推荐的寻香路线；“四十里城花作郭，芙蓉围绕几千株”，这是清人杨燮眼里充满生机的成都街区。

文人墨客可能更关注成都的四季物候，现在的成都人，则有更多可以享受的街区日常——在“全球最酷50城市街区”之一的铠钯街上，由旧时民居改造而成的崇德里，蜕变成了今日的时尚人文新地标；儿时记忆里的猛追湾，如今是风头正劲、活力十足的望平滨河路……

厚重而轻盈，酷炫而日常，这就是成都的街，元气满满。

撩人美味

舌尖的冒险与味觉之线

“东来坐阅七寒暑，未尝举箸忘吾蜀。”曾经，乡愁如同举起筷子时的巴甫洛夫条件反射，陆游在这一头，成都的美味在那一头。

这种对成都美食的乡愁，从陆游那里，经过时间的发酵，被英国人扶霞·邓洛普继承。陆游好的是成都“东门彘肉更奇绝，肥美不减胡羊酥”，扶霞爱喝被炖得软烂的蹄花汤，“它的口感最后有点像一个云”。

岷江滔滔，宠爱了成都平原永无饥馑的幸运，也灌溉了成都人的舌尖永不枯竭的创造——在每一处纤维里都灌满清澈但厚重的汤汁，从成都人的创意里走出的种子，已经把自己种在了世界的记事簿里。街巷的每一处旮旯，每一点心上的油渍，都可以告诉你一点关于毛血旺、杂酱面，以及蹄花汤的故事。

向饕餮的远方飘荡的，就是成都放出的风筝——无论你我舌尖的冒险多么瑰丽，我们味觉的线，一直都在成都手里。而你我从空中携带回来的创造，则总是会进入成都新的菜谱里。

夜游美地

未央星辰无尽夜

“和我在成都的街头走一走，直到所有的灯都熄灭了也不停留。”

可能古人也有如赵雷歌词中这样的体验，因为成都人自古喜欢夜宴与夜游。

苏轼在成都夜游大慈寺之后，留下了“精妙冠世”的评价；陆游在晚年时仍对成都帅府春日夜宴念念不忘：那个夜晚“烛焰与花相映，发影摇酒中，繁丽动人”。

成都的夜如同未央的星辰。北宋僧人仲殊看到的成都夜景是“夜放笙歌喧紫陌，春遨灯火上红楼。车马溢瀛洲”；明人杨慎看到的夜景是“锦波澄霁色，丹楼生晚辉”。

现在我们可以在成都的 192 座桥下，扁舟，邀月，揽风，或在全球新晋网红“现实版莫比乌斯环”五岔子大桥上，享受夜晚的惬意与闲暇。

成都的夜如同无尽的宝藏。晚唐花间词人韦庄看到成都的集市，是“锦里，蚕市，满街珠翠。千万红妆，玉蝉金雀，宝髻花簇鸣珰，绣衣长”。

现在的成都，从自发形成、散点式分布的夜市，到“339”等集中生长的夜间商业形态，聚星满天，还将更新出更多样、更灿烂的夜间新玩法。

成都的夜太美，用来睡觉可惜了。

文创空间

悠远根系生长出未来起点

现代人管“创意”叫“脑花”，成都人开玩笑说“脑花是成都的市花”。

创意的脑花一开，我们仿佛就听到了沟沟壑壑的韵律，在这片平原上扎下的根系：二十四伎乐的美已然进入永恒，而又在当下的时间里不停流转；张大千在水墨与色彩中留下的空白，即将借助新的创意力量在当下激活……

当代，是三千年悠远的终点，也是无限未来的起点。成都人的创意精神总是被艺术的高扬与自由卷入，于是在今天的城市里，为艺术精神和创意之花准备的空间，如星座般散落。

以历史的根脉为创意的营养，自成都生长出的文创空间，也在当下的场景中集合了成都开出的脑花：

从独立书店到艺术园区，从美术馆到工作室，在这些空间里，我们会看见年轻的创意力量在生长，看到创意的边界被不断打破，看到创意成为新鲜的血液与营养，继续点亮这座城市。

运动空间

温软天府的昂扬与力量

据说，东汉末时，在成都的青城深处，张道陵天师羽化飞升。

据说，唐代马球盛行，成都还专门向朝廷献上蜀锦工匠缝制的球衣。

据说，即使在五代的纷乱中，成都也是“朱雀门高花外开，球场空阔净尘埃”。

汗水中纯粹的昂扬，肌肉收缩中的力量，都早就在成都找到了故乡。而当现代成都的生机注入后，汗水奔流的形式，得以更加丰富：

借助滑板的力量让身体短暂飞升，依仗肢体的活力展示攀爬峭壁的敏捷，在绿茵场上和木地板上施展的团队技术，都成为城市活力的加速器。城市年轻的生命，与古老的灌口的神一同生长。

潮玩绿道

青绿画卷，自然之道

虽自古就有“蜀道难”，但挡不住人们对成都的渴望。停在成都的船，来自东吴，来自秦中，来自四海之外的世界——锦城在春天变得朗润，让曾经的游子几乎忘记了家园。

从平原到山峦，从城市之心到城市之眼，从喧嚷的街巷到萦绕于城市肌体的绿色“缎带”，成都的青绿画卷数不胜数，串联起公园、湿地、湖泊和社区，在提供了更多新玩法的同时，更成为成都人探索日常生活的一部分。

产业园区

在文化岛屿中捡拾创意之果

成都人早早发明了“快捷支付”方式——交子；他们让蜀版的线装书在全中国读书人的案头堆叠；就连演义里似乎永远严肃、永远忧虑汉家社稷的诸葛丞相，都会注册上木牛流马和连弩的专利。

从成都历史的泉眼里，技术和智慧汩汩涌现。这种智慧，似乎一直试图链接和聚集一切：粮食、知识、商品和人才。

成都年轻的产业园区，与历史上的前辈们有着同样大的脑洞。它们不仅为艺术家们的灵感孵化提供了归巢，也通过不断举办的展览、剧场、论坛等活动，让成都变成了艺术与创意产业的乌托邦。

汇聚在成都的人们，种下灵感的种子，结出创意的苹果，也让新的未来一再被更新。

有味小镇

杂而有序，颜色不一

小镇是城市的触觉，向大地的深邃与广大处推进。

在成都平原的周围，藏着成都人的后花园。日复一日，年复一年，从古至今，人们携带着成都馈赠的经验，在城市的周围搭起戏台、商会和公馆；当时光层层累叠，成都抛出的这些触须上的痕迹，让它们的经验日渐茁壮。

在人们最常见的想象里，小镇总是类似：庙宇在香火中现身，木质结构的祠堂和旧宅微微颤动。

然而当成都闯入现代的领空，小镇们颜色不一、姿态各异的翅膀，就都飞起来了：成都的小镇衔回回廊、立柱、尖耸的屋顶，衔回和弦、鼓点，与摆动的独奏，筑起江南水乡与川西民居的合体，点缀法式风情和民国风范……

美丽村落

细雨燕斜，创意魔法

现代人向往的乡间静谧与闲暇，杜甫在成都时，就已经懂得：“细雨鱼儿出，微风燕子斜。城中十万户，此地两三家。”

不过，杜甫可能不会想到，现代成都村落的土壤里，还撒下了创意魔法的种子。

依托中国非物质文化遗产“道明竹编”的道明竹艺村，以“竹里”为起点，在传统的村落中，生长出一种独特的生活方式；明月村，则将创新的技艺带到幽静的村落里，让新村民和原住民融为一体……这样既适合发呆，又满是创意动力的村落，就在成都。

小空间的
大美世界

2020 成都最值得打卡的时尚艺术空间

秘密

是墙 / 地 / 屋顶的颜色

还是灯 / 椅 / 茶几的高低

嘘，是三维世界的秘密

成都，一座有着 4500 年文明史与 2300 年建城史的城市，自古便拥有浓厚的艺术底蕴。

从商周石磬的鸣响，到永陵二十四伎乐；从“蜀戏冠天下”之说，到明清时期的川剧艺术；从曾被苏轼誉为“精妙冠世”的大慈寺壁画，到中国第一个画派“西蜀画派”；从李白的“九天开出一成都，万户千门入画图”，到杜甫的“锦城丝管日纷纷，半入江风半入云”，无不彰显着独属于这座城市的悠久艺术魅力。

如今，经过几千年的雕琢，成都的艺术之光更是在包容多元的城市性格中不断被点亮、更新，散落在城市的肌理中。它们以迥异之风格驻扎于不同的艺术空间，丈量着城市文化的广度。

较之于城市之广博，这些闪烁着艺术之光的据点，或许只是小小的空间，但却时尚、优雅、前卫、特立独行；而穿行于其中的人们，也怀揣着对艺术的迷恋，在小空间中发现大美世界。

极星成都生产基地

一座充满先锋艺术气质的工厂，在光影流转中，彰显了澎湃科技与设计美学无界融合的魅力。

极星停靠在温柔的夜色中，远望如一头跃水而出的巨鲸，仿佛能听到它低沉的鲸吼。于震撼中靠近，才能看到其清晰的黑色钢架结构和灵动的玻璃外立面，令人顿生肃穆。

进入巨鲸腹中前，你不会想到这竟是一个汽车生产基地——一个将制造业与美学设计充分融合的时尚艺术空间。

极星成都生产基地是挪威知名建筑事务所斯诺赫塔的经典之作。

行走其间，指尖划过蜿蜒的楼梯扶手，便仿佛聆听到了跳动的音符；感受着它的墙体肌理、空间细节、生产动线，又似乎进入了一个线条勾勒的极简世界，不经意间，便邂逅了设计师的巧思。

瞧，公共空间的墙体间隔消失了。

此时，享受着开放性赋予的完美展示功能，与来往观众及员工一同穿行其中， 看展、交流、工作，体味来自空间的互动。

进入核心生产区域，取而代之的，又是科幻电影般的视觉冲击。站在白、灰、棕描摹的空间中，汽车生产的程序一一呈现， 工人们如打磨艺术品般呵护着每一个细节的诞生。极星之于这座城市的意义，已不仅是一家汽车工厂，而是沟通未来与今夕， 融合工业与美学的智慧动线，是将极简美学、生活温度与尖端时尚充分融合的极致体验。

| 极星成都生产基地，斯诺赫塔建筑事务所设计

成都博物馆

珍藏成都 4500 年文明史，驻足倾听城市历史的回音，敲开连接世界文明的大门。

博物馆是一座城市的“灵魂客厅”，它浓缩了城市的文明史，点亮了这座城市历史长河中的一盏盏路灯。

它为生活于其中的人们提供了追根溯源的信息，让我们知道自己从哪里来、将到哪里去；它为远道而来的人们提供了一个对外的窗口，让他们以最为本源的方式了解一座城市。

成都博物馆，便是成都人的“灵魂客厅”。在它“金镶玉”的辉煌外观下，包裹着近 20 万件承载着成都城市记忆的文物精品。

上自新石器时代，下迄民国时期，包括有着成博“镇馆之宝”之称的国之重器，例如，曾引起一时轰动的，或与李冰治水密切相关的石犀；老官山汉墓出土的经穴小漆人；代表着成都人乐观向上精神的东汉陶俳优俑等。

珍藏锦官城 4500 年文明耀目光华的成都博物馆，还不断以新的洞见与姿态刷新着我们对城市历史，乃至世界文明的认知：自开馆以来，已迎接逾 860 万来自世界各地的观众，推出不同主题、不同风格的大小临展 40 余场。

它仿佛一座世界文明转场的枢纽，源源不断地向我们输送着来自不同国家与文明的精粹。

成都博物馆，成都人的“灵魂客厅”

iF 成都设计中心

以全球前沿设计美学为依托，建构了智慧、生态的创意设计产业平台。

2019 年 11 月，第六届成都创意设计周期间，成都高新区菁蓉汇出现一座全球工业设计界重量级的地标，这就是 iF 成都设计中心。

提到 iF 成都设计中心，首先得溯源至有着 60 余年历史的 iF 设计奖。

iF 设计奖由德国历史最悠久的工业设计机构——汉诺威工业设计论坛——每年定期举办评选，旨在推动大众对于工业设计的认知。其含金量最高的金奖，素来享有“产品设计界的奥斯卡奖”的美誉。

iF 创意设计中心，不仅是成都创意产业的助推器——在 iF 设计奖的启发下，成都金熊猫创意设计奖应运而生，还为成都专业的创意设计人士提供了一个绝佳的学习场域，打开了世界前沿工业设计理念的窗口。

现在，不必前往德国，甚至不必前往北上广，就可以在这里领略到世界顶级的工业设计产品。

iF 成都设计中心，为这座城市开启的是一种便捷、智能、充满设计力与创意的生活方式。

iF成都设计中心，
全球工业设计界重量级地标

成都城市音乐厅

以全球顶级的音乐元素，承载了成都人的音乐梦想。

从司马相如的《凤求凰》到首屈一指的成都雷琴，从备受赞誉的《金沙》到《蜀女卓文君》，从“蓉城之秋”成都国际音乐季到中国金钟奖，划过成都上空的千年音乐鸣响，一直在等待着属于这座城市的音乐文化地标。

2019年底，成都城市音乐厅全面开放，一座能装下成都人音乐梦想的艺术殿堂出现了。

它集合了世界上所有顶级音乐厅的元素。它的硬件令人艳羡，拥有4个能满足不同音乐需求的演出场地，包括音乐厅、歌剧厅、戏剧厅与室内音乐厅。

其中，能容纳约1600座席的歌剧厅与约1400座席的音乐厅建筑造型分别采用了“马蹄形”和“鞋盒形”两大经典声学造型，有效地解决了传声及衍射，实现了沉浸式的亲近感。

此外，它还充分结合了城市文化，音乐厅的穹顶是一座25吨重的“冰芙蓉”，而歌剧厅则加入了太阳神鸟元素。

尤其值得一提的是，“冰芙蓉”不仅有高颜值，还有调节音质的作用，针对不同的演出需要，能呈现最佳的视听效果。

而它的镇厅之宝管风琴，则是特意从欧洲定制运回的。该件乐器具有64音栓6400音管的规模，演奏台可以满足110人大四管乐队演出，还可以实现360°高清全景音乐会录制。

从开放至今，成都城市音乐厅已经迎接了数以万计的观众，第十二届中国音乐金钟奖颁奖典礼暨闭幕音乐会曾在这里上演，未来它还将迎接更高级别的国际性演出，助力成都国际音乐之都建设。

成都城市音乐厅，集合了世界所有顶级音乐厅的元素

成都华珍藏羌文化博物馆

以中华文明传统文化的动人魂魄，在针起线落间，织就民族与世界融合的华章。

在四川阿坝藏族羌族自治州小金县，有一片美丽的小山坡，重峦叠嶂间隐约可见碉楼寨房与佛塔经幡。国家级非物质文化遗产藏族编织、挑花刺绣传承人杨华珍便出生于这里。

杨华珍自幼学习藏族传统编织、挑花刺绣技艺，在刻苦研习之下，成为第一个归纳总结藏族编织、挑花刺绣的人。

2011 年，杨华珍组建成立了成都华珍藏羌文化博物馆——一个隐藏在邛崃市邛窑遗址公园，收藏着近 5000 件藏羌文化精品，将传统与时尚、中国与世界深度融合的艺术空间。

越是民族的，越是世界的。凭借高超的技艺与鲜明的民族特色，华珍藏羌文化博物馆吸引了一大批国际国内品牌及明星艺人的合作邀请。

最近，爱马仕正在研究如何将杨华珍设计的羌绣纹样运用在自己的产品中，而美国星巴克、法国欧莱雅、日本植村秀等都曾与之有过深入的联动。

那源自远古的藏羌技艺，正在这种不断融合、嫁接、活化的过程中获得勃勃生机。

成都华珍藏羌文化博物馆，
将传统与时尚、中国与世界深度融合

知美术馆

一座饱含山水禅意的美术馆，以万物之生命关照，以有见解的态度，打开了常新的生活与未来。

位于新津区老君山脚下的知美术馆，与成都相距约 40 公里。虽然远离城市的繁华，却走在艺术的前沿。

来到这座由日本建筑大师隈研吾操刀设计的美术馆，绕建筑走一圈，似乎已成为访客心照不宣的一种开场白。

水光山色中的它，如一叶扁舟，悬浮在水中，建筑外立面包裹的瓦片倒映水面，微风浮动，激起富有变化的水波纹样。瓦片间的缝隙，与建筑的玻璃墙面相互呼应，在空灵寂静中吐出的呼吸感如同一首充满禅意的诗。

正如它外观中所蕴含的东方哲学，该美术馆旨在于当代艺术的国际化语境中，探讨东方美学的过去、现在与未来。

在这里，我们曾邂逅“‘幻’陈福善回顾展”“魏立刚：万物”“生长”等艺术大观。阳光穿过建筑、茶室、展厅、走廊……区域空间的间隔消失了，建筑也消失了，停留在其中的，只剩下艺术的哲思与自然的对话。

展览之外，这个美术馆内还装载着丰富多样的思考碰撞与绵延：如邀请全球学者、策展人、馆长于君山论道的“亚洲美术馆馆长论坛”；再如 2019 年夏天，一场打卡美术馆之夜的活动更是令人印象深刻。

这一切的尝试与实验，正如知美术馆之“知”的内涵：“知”，完全是一个开放的系统，从已知朝向未知，从眼前朝向无限。

隈研吾操刀设计的美术馆
让人一见难忘

成都当代影像馆

以全球最经典的影像，激活了成都当代影像艺术生态。

草地上鹅黄的建筑卓然而立，常春藤从下沉式广场爬上屋顶，大地的绿意直指天空，这就是成都当代影像馆，在自然的环绕下，诉说着成都与影像艺术的故事。

2019 年，坐落于国内首个以摄影为主题的公园——府河摄影公园——核心位置的成都当代影像馆一开馆，就以七场重量级展览对外亮相。

亨利 · 卡蒂埃 – 布列松、塞巴斯提奥 · 萨尔加多，以及贝尔纳 · 弗孔……这份名单上的任何一个名字放在全国任何级别的专业美术馆都可以说是让人艳羡，而他们以群体的姿态亮相，更是让这座艺术馆在面世之初，便成了成都文艺爱好者们的宠儿。

从常设展《贝尔纳 · 弗孔》，到《亨利 · 卡蒂埃 · 布列松：决定性瞬间》《塞巴斯提奥 · 萨尔加多》，再到由影像馆自主策划的“2019 金熊猫摄影奖”作品展、首届 Katta 儿童影像艺术节等主题系列活动，在这里，我们看到了影像作为一种媒介所能激发的热情、灵感与创造力。

成都当代影像馆，在自然的环绕下
诉说着成都与影像艺术的故事

化工场实验艺术空间

一座建立在废旧工厂上的戏剧乌托邦，却正在诞生最时尚最先锋的实验戏剧。

“30 年前是化工厂，30 年后是戏剧乌托邦。”

这是我们赋予化工场实验艺术空间的开场白。对城市旧厂房进行再生性改造是现代城市快速发展面临的重大课题，而“化工场”，给出了一份略显冒险的答案。

厂房只是一个外壳，里面是一个小型剧院。

棕褐色的窄楼梯，木欻欻的玻璃，爬山虎的网，切割铝合金的刺耳声……对，化工场的创始人正东想在这个厂房里打造一个超实验性的戏剧之家，帮助城市里一些小的剧社成长。

不同于诞生于城市之央的优雅音乐厅，化工场于粗粝之地获得生命，它所承载的是青年演员们的戏剧梦想。这种具有实验性质的探索，正如它的建筑般，以看似粗犷的外观，包裹着一颗颗赤忱的戏剧之心。

然而正是在这里，一个关于梦想的戏剧乌托邦正在成型。2019 年 1 月，化工场的第一场演出《万河之源》开演了，而后是《再等等》《毕业生》《我，爱你》……一部接着一部。

一切固有的规则都会被打破，被重建。观众可以以任意的姿态看戏，演员可以以无限多的可能性表演。相聚于此，我们感受到的是城市的某种精神在被唤醒。

化工场实验艺术空间，厂房外壳下的小型剧院

鹿野苑石刻艺术博物馆

在石刻佛像的容颜里，从东汉一路走向唐宋，体味千尘如影，时光明灭。

鹿野苑石刻艺术博物馆是博物馆中的隐士，其名“鹿野苑”本系世尊觉悟后初转法轮之地。

自佛学传入中国，对中国的宗教、哲学、艺术和文学都产生了巨大的影响。位于郫都区的鹿野苑石刻艺术博物馆，充分体现了佛学之于中国石刻艺术的影响。

初到鹿野苑的人，多会为它的建筑着迷。它依都江堰水系徐堰河而建，上有古旧石桥，长影如虹；下有河湾乔木，宁静怡然；掩映在树木浓荫之中，与变幻多趣的川西风物相得益彰。

它由家琨建筑设计事务所主持设计，凭借简洁、前卫而朴素的风格，曾先后斩获中国建筑艺术奖、《建筑实录》中国奖等众多国际性建筑奖项。

穿过竹林，进入其建筑主体，顿时有了进入石窟般的禅意体验。展馆在布局上，以展厅环绕中庭，在建筑体块的间隙之中，野石与树丛相映成趣，流水与芳草相得益彰。

1000 余件石刻藏品点缀其中，展示了自汉代到唐宋时期的佛教石刻艺术。其中包括 100 余件佛教造像精品，贯穿两晋南北朝、隋唐到宋元明清各个时期，风格样式丰富，具有极高的学术价值与文物价值。

鹿野苑石刻艺术博物馆，1000 余件石刻藏品点缀其中

麓湖·A4 美术馆

十余年的艺术实验，让这里的每一寸空间都洋溢着前卫的气息。

不同于身处山水之间的知美术馆，麓湖·A4 美术馆深深地扎根于社区。

10 余年前，大地建筑师之父安托内·普雷多克在麓湖畔留下了一颗“疯狂的石头”。路过此处，能看见临湖而建的艺展中心与周围红砂岩地貌融为一体，麓湖·A4 美术馆便扎根于此。

作为一家诞生于 2008 年的美术馆，与这座屹立于湖畔的大师建筑一样，A4 在这座城市里已经走过了十余个年头。

自成立以来，它便专注于青年艺术家的挖掘，通过国际合作与交流，关注在地实践，以丰富多元的公共教育与文化活动，强化与社区、城市的互动与合作，推动城市新的艺术生活方式的形成。

至今，我们犹记美术馆在 10 周年展览开幕式上摆出的那些数据：48 场专业的当代艺术学术展览，超过 700 余场人文类讲座、沙龙、工作坊，与国内外 307 位知名艺术家、30 余位专业策展人展开合作。而如今，又经过两年的发展与完善，这组数据显然又有了新的提升。

打卡这座美术馆，我们的脚步与思维绝不能限于白盒子之中的展览，因为，在它的空间绵延中藏着无数的趣味与可能性。

我们可以坐在湖畔那把神奇的椅子上，感受水如何从湖中出发又回到湖中，与瑞士艺术家罗曼·西格纳来个灵魂的巧遇；我们可以在有着 A5 之称的 A4 国际艺术家驻留基地，寻找国际艺术家埋藏在社区中的创意彩蛋；还可以看到由著名建筑师刘家琨担纲设计的蛇形美术馆展亭，正在湖畔拉开优美力学的满弓，将力量慢慢储蓄……

在麓湖·A4 美术馆的空间绵延中，藏着无数的趣味与可能性

轻安

素食、家事、雅集、书品，以一隅之地，珍藏城市之安闲。

无论何时，轻安这个“以出离烦恼、轻快安乐”为名的空间都没有忘记与城市里的人们分享生活的美学。

轻安素食，以“定时、定食”为核心特点，按时令进食、分餐制皆源自中国古代饮食传统，因此，在轻安的餐桌上，我们吃到的是一种来自中国古代膳食文化的回归。

当然，在轻安雅致的三层空间内，还集纳了除素食之外的家事、雅集、书品等多种美好生活点滴。

打卡轻安，可先在外面的小亭子里来一杯暖阳下的咖啡，而后再从绿叶掩映的大门进入，漫步展厅，依次走过书桌、水榭歌台。

游走在轻安里，简约大气的家事之美也熠熠生辉。在这里，Carl Hansen &Son、Walter Knoll、ClassiCon、Bulthaup 等全球著名家具品牌及传承着东方之韵的“又七”旗袍定制，共同构筑着一种令人享受的深邃、舒适之味。

“此地有崇山峻岭，茂林修竹，又有清流激湍，映带左右，引以为流觞曲水，列坐其次”，《兰亭集序》里古人雅集的宴饮总是令人神往。而轻安雅集，也正仿佛俗世中的雨巷般，为人们开启了那段来自遥远时代的诗意聚会。

聚会时分，艺术家们演绎的昆曲、琵琶、梵唱、古典乐、话剧、舞剧等都将经过精密的声学设计空间呈现；而爱书的人们也在轻安寻到了心灵栖居之地，他们喜欢在闲暇中走进“洁尘书房”，聆听“洁尘和她的朋友们”带来的分享，在书香中窥见别样趣味和风景。

游走在轻安，简约大气的家事之美也熠熠生辉

许燎源现代设计艺术博物馆

以十年如一日的艺术匠心，造就了物感主义的先锋实验地。

就像包豪斯不偏不倚地在德国魏玛落地，许燎源现代设计艺术博物馆作为“物感主义”的实验之地，深深地扎根在成都，生长了近 13 年。

博物馆的展品有着鲜明的个人标记，偌大的展厅内，展示着艺术家许燎源的酒类包装设计代表作、不锈钢装置艺术品、陶瓷艺术品、雕塑、概念家具、意识流水墨画、青铜雕塑，及物感主义综合艺术等。

2019 年的秋天，许燎源博物馆迎来了它的首届双年展。

在这场以“感性盛开”为名的展览中，我们邂逅了一片辽阔无际的宇宙，来自不同国家、不同年龄段的艺术家的作品如同一颗颗崭新而独立的星球散落在展厅内，每一颗都书写着自己的史诗，孕育着各自的文明，其中也不乏优秀的“物感主义”作品。

在三圣乡这个后花园里，许燎源现代设计艺术博物馆以立体简约之姿无声站立。错落的艺术馆构成黑色的森林，根系深深地扎进大地，利落的线条刺向天际，它像一枚精致而不疏离的茧房，也如同艺术家的“物感主义”表达一般，十年如一日地孕育着艺术的奇迹。

经过长期的探索与创新，如今的它早已走出了单纯的展览，成功转型为集参观游览、设计开发、学术研究、艺术销售、休闲娱乐于一体的综合性艺术创想体验中心，让我们得以在这里感受“物感主义”设计大师的作品、思考及日常。

许燎源现代设计艺术博物馆的展厅，十年如一日地孕育着艺术的奇迹

点评官 · 有态度

殷九龙

设计师 / 艺术家

这次“YOU 成都 · 新推荐”推荐的最值得打卡的时尚艺术空间，我认为都是代表成都艺术与时尚氛围发展的空间。当我们在讨论这些最值得打卡的时尚艺术空间时，希望从工业制造、文化艺术、在地文化与历史等不同的角度去甄选。

比如，极星成都的生产基地一改传统工业制造的印象，成都博物馆是一个最为包罗万象的展示成都历史的文化场所，知美术馆、当代影像馆和 A4 美术馆可以让你了解今天的成都当代艺术生态，甚至国际艺术潮流，轻安的美食与文化，许燎源的个人表达等等。

成都的现代气息来自多元的文化，来自生活在这座城市里的和路过此地驻足的每一个人的加持。未来的空间更丰富，我们期待在这些空间里面产生更好的内容和发生美好的事。

万物之生
皆禀元气

2020 成都最有元气的街区

跳动

街是城市的骨骼

巷是血管

走来走去的人是脉搏

在蜀中最丰沃的土地上，成都的城垣，已经矗立了2300年。2300年来，这片土地，一直是生活多彩之美的富集之所，“山林泽渔，园囿瓜果”，让她的人民的生活“多斑彩文章”“尚滋味”“好辛香”。

在张仪的设计里，成都是大城的城垣高深，观楼射角，更是少城的“修整里阓，市张列肆”。成都的城垣，从诞生之初就有街市所在。

《说文解字》云，市者，交易之所在也。在成都，历史的音色，金玉琅琅：成都见证过秦汉五都之一的工官百业，见证过班固笔下“岁各用五百万”的金银手工。在汉帝国的高阳中，从成都走出的不只是百货的奇色，更是生活在成都的温柔里的人民，在时间中雕刻出的细腻。

在成都的时间里，流淌过左思笔下的“贝锦斐成，濯色江波”。而当韦皋把成都市坊的范围向东南方推进，让大慈寺的梵音钟鼓所闻之处呈现出“廛阓楼阁，连属宏丽”的景色时，开元的辉煌，仿佛就在中晚唐的动荡中重生。

成都人的安闲里，强盛的音阶，从未止歇。成都的街巷，也超越了砖石，超越了城垣，成为生活之美的呈现场所。今天的我们，更可以看到成都生活的场景，正在向未来延伸。

在成都，时间和锦江水，几乎已经分不清彼此。我们不知道是时间的温柔让流水澄澈，还是水岸不息的生活，让过去、现在与未来，交织出元气满满的经纬人间。

玉林特色街区

玉林的玩法，适宜从黄发到垂髫。如果你厌倦了玉林，你也就厌倦了生活。

如果你厌倦了伦敦，你也就厌倦了生活——这原本是诗人拿来赞美伦敦的话，如果套用在成都的某一个地方，玉林，再合适不过。

在这片面积不到 2 平方公里的街区，有着无数条如同毛细血管一样的街巷。每一条街巷都有一个好听的名字，每一条街巷里，都有值得你长久地停留，或者反复去探望的地方。

到过玉林的人，无不在她的纷繁里采撷属于自己的细节，离开后仍在歌里反复吟唱、回望，想要在她的街头走一走——玉林，既是成都人心心念念的烟火之地，又是外地人念念不忘的必游地。

玉林的魅力在于，她不仅有着作为成都“初代网红”和各大受欢迎排行榜“常青树”的历史，同时，她仍然不断生长出新鲜的、属于成都的生活方式。

仅仅只需两个月，她就足以以其绝对的吸引力，在成都人的朋友圈里占据“C 位”。

在玉林六巷开张的白胡子咖啡馆，开启了排号喝咖啡的盛况；玉林三巷的“巷子里”，甫一亮相就引发了全网关注。更别提还有常驻玉林的、从乌鲁木齐来成都的网红流动咖啡车，又有社区书店一苇书坊开辟的新空间，迫不及待地想要呈现新玩法……

创建于 1997 年，至今“常青”的小酒馆

| 玉林三巷的"巷子里"，甫一亮相就引发全网关注

铁像寺水街

铁像寺水街，以水和桥为串联，用艺术、茶与历史感，为人们搭建起了成都独一份的水乡体验。

锦江壮阔，奔腾辽远，又留下无数支脉浸润成都人的日常生活。

其中一条名肖家河，串联起城西、城南无数的街巷、公园和湖泊，在城南的繁华喧嚷中奔涌，又在一片以水为名的街区温柔、宁静地驻足——这就是铁像寺水街。

在水街，肖家河依次流经高升桥、洗面桥、通锦桥、驷马桥、万福桥、万里桥等六座仿古名桥——成都人自古以来对桥的依恋，与水相处的智慧，都在水街得到了呼应。

这个季节，桥边榴花、菖蒲怒放，吸引了无数人的停留；哪怕只是沿着河边一路漫游，散步到街头的回澜塔，也是惬意无比。

在水街，你可以去铁像寺，看看这座有着 400 余年历史的寺庙的庄严。

哪怕只是一口茶，水街都能满足百般个性：

在陈锦茶铺院坝里的七株香樟的关照下，能够喝到阳光和开阔；想喝坝坝茶，但又想稍微有点私人空间，浣月可以满足你的选择；更幽静的空间也很多，散花书院、西蜀画院、妙音阁，都将水街的水，冲泡出了属于自己的茶香。

位于铁像寺水街的轻安

成都音乐坊

这些令人惊艳的场景只是成都音乐坊的初步亮相，你难道不期待、不想参与它的未来吗？

成都的街头所带来的惊喜，因为成都音乐坊而变得更加丰饶。

这个以四川音乐学院和四川大学为依托的新街区，不仅见证了成都城市音乐厅的开放，更以其在音乐资源方面的天然优势，培养了大量音乐人才，也孵化了与音乐相关的诸多产业，成为成都乃至全国音乐人向往和聚集之所。

眼下，仅仅只是短短一公里的音乐大道，就充满了接连不断的惊喜。

日间，这个街区呈现出焕然一新的面貌：长长的五线谱灯带、彩虹线条装饰的临街建筑、音乐主题的雕塑、微型博物馆等等，都是吸引人们驻足停留的亮点。

到了晚上，她先是以乐趣市集 FUN MARKET 的温暖灯光，和市集上琳琅满目的趣味，吸引人的目光；时不时还有专业水平的街头快闪演出，更是独属于成都音乐坊的玩法。比如，成都城市音乐剧团就将火爆全球的歌舞剧 *LA LA LAND* 进行改编，并免费向公众演出。

以音乐大道的露天空间为流动舞台，成都音乐坊向音乐人和爱好者们广泛地敞开。而这，仅仅只是音乐坊诸多打开方式的一种，我们甚至已经可以想象这个以音乐为名的街区，此后将给成都献上的华丽乐章。

川剧《盗冠袍》在音乐坊音乐大道上"快闪"

成都文殊坊

成都，乃至全国最大的“都市禅林”，
在闹市里，有你一盏禅茶。

在成都，文殊院这座有着 1400 多年历史的古刹，总是如同星月般吸引着人们前往。以它为中心，这片街坊千百年来一直是成都市中心一处商业繁盛、人群熙攘的所在。

如果说铁像寺水街是成都人在闹市里安放的一处静谧，那么文殊坊，就是释教松风水月般的精神，在成都人的尘世生活里获得的，活泼泼的道成肉身。

在今天，以文殊院为中心的文殊坊，仍然在街巷的名字中保留着时间：

东珠市街和西珠市街满溢着丰富的历史人文气息；成都书院的五大院落、珠宝街的三个院落是老成都民居院落的原址保留。

这里街街相连，巷巷相通。从文殊院出来，经过文殊院街走上五岳宫街，短短一条街却串联着蜀绣、竹编、银花丝、漆艺、蜀锦等各类非遗手工技艺的大师工作室，成为非遗文化的展示与活化窗口，每走进一个工作室都能引发惊叹。

如果你累了，还可以坐下来喝一碗盖碗茶，嗦一碗洞子口张老二凉粉；不累的，干脆去宫廷糕点排排长龙，感受一下几十年天天排长队的老店的魅力。

好清静的，自然可以去喝一杯禅茶，或者，坊内的散花书院也是好选择。

散花书院不仅有安静的茶空间，也有精心挑选的书籍和文创产品，同时，它还是成都图书馆打造的“城市阅读美空间”之一。

在它的三楼，就有这样一个宽敞明亮的空间，市民们不仅可以在此地阅读，还能凭身份证或者社保卡借阅，可以说是十分便利了。

有着 1400 多年历史的文殊院，
不断吸引人们前往

枣子巷

枣子巷是一条弥漫着花香与中药香的街巷，而眼下正是她最美的时候。

近年更新的街巷里，枣子巷可能不是最火热的那条，但枣子巷街区所展示的中医药文化，却为她注入了特别的力量。

这种力量体现在作为“中医之乡”“中药之库”的四川，在巴蜀名医辈出的成都中医药大学，在枣子巷弥散的每一丝药香；这种力量一直向世界展示，巴蜀大地上从未断绝过的，如缕的仁心传承。

在枣子巷，随处可见中医药文化的具象表达：

道旁的绿植，被做成葫芦宝瓶和执银针的神医圣手的模样；建筑外墙的设计也格外有趣，一面呼应了“中医四诊”的主题，一旁还有刻上各种中药名的药师柜装置，往来的人都忍不住往里探探。

枣子巷两旁也种植了诸多具有药性的植物：枣子树郁郁葱葱，薰衣草、鼠尾草、马鞭草、薄荷都正值花期，在阳光下被炙烤出熟悉的精油香气。

这样一条适合漫步的巷子，慢慢从街头走到街尾，又从一边走到另一边，不同的方向和角度，看到的风景各个不同，很适合和朋友来安静地打发时间。

除了风景，枣子巷的业态也进行了升级，除了原本的成都中医大、成都中医大附属医院、国医馆等，还引进了一系列医养游体验商铺，比如拳击馆、理疗馆、茶艺室、草药咖啡馆等。

而时不时举行的市集，更是让这条巷子充满活力。

在枣子巷街区，随处可见中医药文化的具象表达

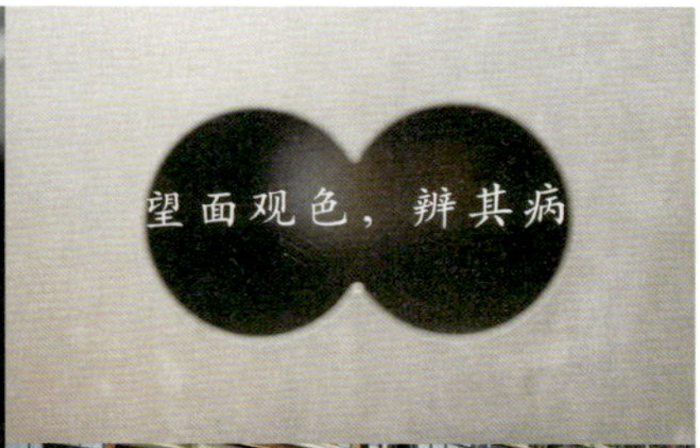

奎星楼街

吃饱了才有力气搞创意，在奎星楼街，两件要事全不耽搁。

说起奎星楼街，第一个蹦出来的关键词自然是“美食街”。

这条位于少城、离宽窄巷子仅几个街区的街道，与吉祥街、小通巷等几条邻居街巷一起，不断地以其密密麻麻的美食和趣味，招引着人们不惜排长队也要前来。

奎星楼街和它的邻居们，每隔几步一个美食的门头，每一个招牌、每一声吆喝、每一家店都飘出诱人的食物香气。如果不小心从某一个小区门洞钻过去，走到了隔壁巷子里，更是可能迷失在美食的天堂里。

走在这一片，让你恨不得长出十个胃，才足以完成这趟饕餮之旅。

不过，奎星楼街也不全然只是一条美食街。在它的街头街尾，是明堂创意工作区和 NUSPACE“纽”复合文化空间。

因为它们的活跃，奎星楼街的香气又拥有了更为丰富的层次，它不仅负责解决人们对成都美食的无尽追求，同时也是成都最新鲜创意文化的发生之所。

奎星楼街的香气还不只独属于这条街，它的韵味来自古老的少城，也来自新鲜的都市。

以长顺中街为轴，奎星楼街的“邻居”们有超级“网红”宽窄巷子，有同仁路上四十周岁的成都画院，也有泡桐树街上年轻的买手店，或者小通巷的咖啡馆、日料店……它们共同组成了这个开放、个性，不断雕刻着城市面貌和肌理的街区。

明堂，为奎星楼街的香气增添丰富层次

大川巷

这条短短的不过百米的小巷子，两旁分布着原创画廊、咖啡馆、酒吧、动漫店、魔术体验酒吧等等年轻的创意空间。

大川巷位于锦江河畔、兰桂坊对岸，一头对着河边的庆岭码头，一头连通东门古城墙遗址。

面对江边一侧的复古拱门，瓦灰色的砖石和其后类似脚手架的装置，白日里看着低调，夜晚亮灯之后，格外引人注目。

作为“派叁艺术街区”的首要站点，大川巷的独立画室为青年艺术家们提供了一个集商业性、艺术性、专业性和公共性于一体的复合平台。

在这里，艺术真正走进了成都的日常。来这里的客人，仿佛进入了一个个风格迥异的小型美术馆。

街区的居民，在日常生活里，接受了更多艺术的熏陶；而青年艺术家们，更是将艺术与生活，更加紧密地联系在了一起。

除了画廊，大川巷里还有其他新潮的小店值得反复打望，比如靠近城墙一端的动漫手办店，每一个动漫迷可能都会不想离开。它斜对面有一家小小的器物店，在里面可以淘到精致的杯盘碗盏。

——而这些新潮小店都有一个共同的特点，它们都在店内陈列了这个街区的一些画廊的作品，让“艺术街区”这个概念更加完满。

在大川巷，艺术真正走进了成都的日常

锐钯街

从老街巷里生长新玩法，传统社区与新邻居共同成长，像锐钯街这种街区，成都值得拥有更多。

近年来，随着成都的国际影响力的不断提升，成都的街道也跟着频频“出圈”。

两年前，锐钯街就被英国权威旅游指南杂志 *TIME OUT* 评为“全球最酷 50 城市街区”之一。而这个酷酷的街区，从来没有停止自己“耍酷”的步伐，永远能够不断输出新鲜玩法。

就拿咖啡馆来说，锐钯街的咖啡馆几乎家家都“硬核”。它们要么像 UID CAFE 这样，屹立十年常青，成为成都咖啡界首屈一指的招牌；要么像 Let's Grind 一样，杯杯都是咖啡师大赛冠军的品质；或者就是 YECLIP 黄色回形针，主业是设计，咖啡只是副业。

再或者，也有像雷门 MOJOC 这样的，一家店里可以完成午间的咖啡、下午的火锅，以及晚上的酒，还能享受绝妙的露天风景。轩客会 24 小时书店，为热爱阅读的人提供一个不打烊的空间。

更不用提还有崇德里，这座见证了近百年历史的川西民居，经过改造后，最大限度地保留和修复了历史建筑的原貌，同时使得古老的院落能够满足现代生活所需。

当我们觉得这已经够酷的时候，钻进崇德里一旁的狭窄小巷，你又能在里面发现一片全然不同的天地——这里聚集着成都诸多复古文化爱好者，工作室、古董店，甚至是复古市集，真是有趣。

将古老院落与现代生活完美融合的崇德里

青莲上街

这么多新店，它们每一个都以其独特的个性和风格，吸引着同好，同时也为这片街区更新了风貌。

锐钯街被评为“全球最酷 50 城市街区”之后，隔壁的青莲上街多少有点“奋发图强”的意思，不然怎么解释这一两年以来，这条安静的小街上，美丽的店面越来越多?

青莲上街更有趣的地方在于，这么多新店，它们每一个都以其独特的个性和风格，吸引着同好，同时也为这片街区更新了风貌。

从天仙桥南路过来，门挨着门的邻居门德里 MONDOLI 和 TIC，都是白天卖咖啡、晚上喝酒，都走复古路线，但一个美式复古风、一个民国风，与对方区分开来；街对面的 O Chengdu 剑走偏锋，靠服务员的白大褂成功营造出独特氛围。

真正进入青莲上街更是一场“暗战”。

以街心的小花园为轴，無早在这里占据了核心位置，虽叫“無早”，但往往早早地就已经有人在排队了。大多数成功的书店，都会在离老店有一定距离的地方开新店，但無早居然稳扎稳打地在青莲上街开出四家业态全然不同的店来。

——书店、咖啡店、轻食店，以及全新开张的展览空间，持续不断地输出品质稳定、风格突出的展览、活动，以及生活方式。

青莲上街还没有停止变得有趣。在这里，我们还会体验到绿色门头 Nooner 的早午餐，在小花园的弧线上，还有贩售独特审美取向和价值标准的 11 年买手店 Triple-Major，集合了家具、家居用品、生活杂货等商品的度仓，甚至连理发店、酒吧，都呈现一派清新自然的状态……

在青莲上街，每一家小店都有其存在的美和意义。

以街心的小花园为轴，占据了核心位置的無早

猛追湾望平坊

城市更新生猛，猛追湾却也把传统和过往留住了。

猛追湾真的生猛。

2019年秋天才开放首期的猛追湾市民休闲区，不到一年时间，已经一跃成为成都的当红“爱豆”。河边露天的茶馆、咖啡馆，三五步一家可以打卡的网红店，审美个个在线，都长在了成都人的心尖尖上。

同时，望平坊也是一个妥妥的国际社区，不仅有德国冻酸奶、日本和果子、东南亚料理、美式餐吧这些让全世界吃货着迷的美食，更有专门服务于年轻群体的公寓、民宿和主题酒店……

街边每株黄桷树上都画着可爱的小动物，让经过的人总忍不住掏出手机；隔几步一只的彩绘熊猫，更是成都必不可少的“街头宠物”。

往前走，挨着的几家咖啡馆厘途、PAUSE、The Place，美得各有特色，都设计了专门的打卡区，满足客人尽情拍照的需求。

而街口的几何书店有着可能是成都全网最红的旋转楼梯，随便怎么拍都可以拍出大片感。

从河边来，穿过几条小巷就是背街密密麻麻的美食，但小巷并不会让你轻易地通过。

如果你打香香巷经过，这条早就盛名在外的美食街一定会想方设法留住你；而如果你选择走纸箱厂的巷子，几层楼的趣味小店正在向你招手：文艺如入云屋、传统如梅花剧社、带科幻感的夜店……听起来天差地别，但在成都，这些完全不同的业态就是可以很好地相处。

更别提还有河边原本就有的老茶馆、背街望平路上数不尽的美食，保留住了这条生猛的街温柔的底蕴。

咖啡馆厘途与老茶馆在街边并存

点评官 · 有态度

袁庭栋

著名学者 / 资深巴蜀文化研究专家

如果说城市中一个个鲜活的人有如巨人的一个个细胞，那么城市中一个个鲜活的街区就有如巨人的一条条血脉，它在流动，在代谢，产生种种，去除多多。

粗望街区疑相似，细看街区各不同。我们生活在不同的街区，记忆着不同的街区，赞赏着不同的街区，展望着不同的街区。在众多成都街区中，“YOU 成都 · 新推荐”系列之“最有元气的街区”上榜十家，姹紫嫣红，特色各具，有老的，有新的，有城内的，有城外的，有传统的，有时尚的，其共同特点是充沛的元气。

元气者，人们精气神之内在展示也。最有元气之街区者，一片生机勃勃，四季春意盎然，八方创造创新之街区也。

汉代王充在《论衡》有言：“万物之生，皆禀元气。”当今之世，无论是城是人，均当“固本培元”。有如此最有元气之街区，岂能不往？岂能不爱？岂能不议？岂能不赞？无论是成都人还是成都人的朋友，你们同意吗？你们行动吗？

舌尖上
跳跃的快意

2020 成都最撩人的美味

味道

未尝举箸忘吾蜀啊，陆游在歌唱

扶霞·邓洛普吃了一口蹄花汤：

“它的口感最后有点像一个云。”

辣椒自南美抵达四川前，花椒已独自在蜀地打拼了数千年，两百年前的会面、碰撞与配合，完成了川菜基调大功告成的最后一块拼图，麻、辣、鲜、香。至此，铸就了川菜的金字招牌。

作为八大菜系里味型最丰富的一脉，概之为七味八滋，细讲便是鱼香、煳辣、荔枝等二十四味型，而今仍不断吸纳各地佳肴之长，最终演化为兼收并蓄的饮食文化。

打尖儿小吃烹调出成都又一张美食名片，龙抄手、钟水饺、三大炮……老字号名小吃还没吃够，机敏的成都人又融合改良出新味道，吃不尽、品不竭。

更广博的饮食文化也浸润着这片温柔的土地，英国人扶霞·邓洛普自然地吸收川菜所敞开的新鲜与灿烂之时，也记载了好食的成都人举箸探向外来美食的腾腾热气之景。

成都人餐桌上的菜，从川菜到法餐到东南亚海鲜锅，吃了几年、几十年、几千年，愈久弥香。

吼堂老火锅

吃着火锅，听着鸣堂，看着非遗，品着记忆。

步入吼堂老火锅，热辣的滋味还未抓住胃，便被一声清亮的鸣堂声夺了先。作为成都的非物质文化遗产的鸣堂技艺，以“吼堂”为名，重现于一间火锅店中。

要将鸣堂技艺讲清楚，还得花上不少篇幅。简言之，成都曾有“一堂、二柜、三灶、四案”的说法，这“一堂”便是堂倌。客人入店，引座、挂衣帽、落座、摆台、上茶、点菜、算账、送客……全由堂倌一人招呼接待。

随着现代餐饮的发展，鸣堂技艺逐步走向历史舞台的边缘，“吼堂老火锅”试图以闹热的火锅店为媒，将这一文化遗产延续下去，希冀从清亮的吆喝声起，让食客从进堂至用餐至离堂，都能与这处堂子发生共鸣。

声已夺人，接下来仍未到味，而是色，非菜色，而是指这处仿若诞生于民国年间的空间之色。老成都这场大梦被搬入这处四五百平方米的店内，那些涌动的老成都记忆也随着招牌、图画与味道投入其中。

将优质的食材与悠久的饮食文化慢慢捡拾并发扬光大，是吼堂创立的初衷。

于是那口醇厚的牛油锅被搬了进来，生脆剔透的鸭肠被搬了进来，跨洋而来的雪花牛肉被搬了进来，荥经砂器、道明竹编、桂花龙窑、绵竹年画……四川各地的非遗手工艺术品也被搬了进来，在飘散的辛香气中，持续向来客输出厚重的天府文化。

老成都这场大梦，
都被搬入吼堂店内

金熊猫餐厅

成都的厨房，川菜的秀场。

人声鼎沸的宽窄巷子里，一处竹影婆娑、灰砖青瓦的四合院内，每至饭点便飘散起食物香气，像是在这处喧嚣之地，突然按下的静音键。

地道的川菜，是这处闹中取静的空间与来人交流的最为亲近的方式，并借由自贡井盐、郫县豆瓣、汉源花椒、宜宾芽菜、南江黄羊、青川木耳、通江银耳等名优食材，加以精细的烹制手法，传递予食客。

对川菜的探索从未止步。对濒临失传的传统川菜的挖掘，及对经典川菜的再创作，并辅以现代美学装点，让菜与点、干与湿、甜与咸、浓与淡、茶与酒，都巧妙地呈现于餐桌上。

如此，便出现了融合四川名小吃赖汤圆制作工艺的熊猫汤圆，出现了在酱油饭基础上辅以龙虾肉与“吃鱼不见鱼，只闻鱼味香”的经典鱼香酱汁龙虾拌饭。

金熊猫餐厅不仅是一间川菜馆，更是一处美食生活空间，以美味的川菜体验为入口，赋予天府文化的趣味、情感，演绎“成都式”的幸福与闲适。

在宽窄巷子里闹中取静的金熊猫餐厅

张烤鸭·冒烤鸭

在成都人眼里，张烤鸭是足以与北京烤鸭分庭抗礼的。

1988 年，张烤鸭·冒烤鸭在西安路枣子巷的一个茅草棚里冒出一锅肉嫩皮香的烤鸭；3 年后，在驷马桥开出了第一间正经铺面；到 1998 年，已由铺面做成了三层楼；如今，又开设出两家社区店，价格越做越亲民，味道依然老成都。

美好的味道，来自不断改良精进的工艺。选鸭、填胚、烫胚、上色、排酸……仅是鸭子的入炉准备工作都需花上整个上午，后将鸭子放入特制的土灶焖烤炉焖烤，荥经沙窝接卤油，连烧的柴火都需用四川独有的青冈木。

鸭子在炉子内烤制到八分熟时取出，滴落的鸭油则拿沙窝子接住用以调制卤水，最后的两成熟就靠卤水来“冒”熟。

不需蘸酱，不需调味，可代表成都老味的冒烤鸭直接拈一筷子就能入口，烤制的焦香与入味的卤香在嘴里层叠起伏。

难怪就连挑剔的成都人，一拈也是三十来年。

用卤水来“冒”烤鸭最后的两成熟

马旺子

百年老店与时尚太古里，构成了时尚空间与美食的合作。

四年前，百年老店马旺子离开眉山，来到了成都，将当代川菜保留比较完整的川西风味带至蓉城的时尚中心太古里。

一起带至此地的，是一些“嘈杂”，一些老四川、老成都的热闹与情怀。于是川西坝子的竹子、竹编，旧时专门卖茶或卖开水的铺子常见的老虎灶茶台，被搬进新的空间中，每一处都在用手工的痕迹来拉近与人的距离。

踏入马旺子的每一位吃客，神态满足，融入空间所营造出的老味道；夹一筷子桌上正冒着热气的食物入口，神情中则往往带着儿时的惊喜，那便是食物所赋予的熟稔感。

讲传承，马旺子依循传统蓉帮川菜做法，用上等的花椒、正宗的豆瓣、地道酥脆的牛肉臊子，出品每一碗麻、辣、鲜、香、烫、嫩、活的麻婆豆腐。

讲创新，以诞生于清末的宫保味型，将虾仁与茄子这两味食材融合在一起，风味与咀嚼感达到微妙的平衡。

眼之所至，鼻之所探，口之所尝，皆是生活的亲切与回味，这便是空间与美食该有的合作。

2016 年，百年老店马旺子
将川西风味从眉山带至成都

廊桥 THE BRIDGE

当锦江之水从桥下穿过，穿肠而过的就不仅仅是瞬间的美味享受，更是时间酝酿的馥郁芬芳。

据史料记载："安顺廊桥最初计划是上面建商场，所以有了'三孔桥墩，托起百家商贸'，但最后却是酒店、餐厅。"这番曲折的变迁史，倒是应了成都这座城市的脾性：好吃、会吃。

开到桥上的餐厅，自然也受到爱吃的成都人善意的挑剔。饭店在桥上开了又走，直至廊桥 THE BRIDGE 入驻，贩售花椒味的威士忌，和愿意让人专程飞来品尝的川菜。

廊桥 THE BRIDGE 的主厨是被誉为"华人之光"的江振诚，他跨越印度洋来到成都，追溯川菜的脉络，将其剥离重塑。"起承转合"的饮食哲学也被赋予，以呈现川菜的本味。

这处立于江水之上的美学空间，也承载起更有色有味的人间画像来。

廊桥与成都共生共息，承载着历史，雕琢着时间，成为这座城市的记忆符号，如今也成为成都人舌尖上的符号，书写着川菜进化的另一种可能。

在江水之上，廊桥与成都共生共息

马路边边麻辣烫

店名彰显的画面感，就是成都人对于街头美食的集体记忆。在这里，现实与回忆盎然聚首。

马路边边麻辣烫的门口，常年聚集着排队等号的好吃客，这里的好吃客不仅指向成都人，毕竟韩国美食家白钟元也曾兜着辘辘饥肠，在红油锅底沸腾起的辛香气中，慢慢等一处空桌，与一口爽辣。

吃客们在此收获的，是十几种香料酿得的鲜香，与沉浸式的用餐环境——从踏入店内起，周边的红砖墙、桌上的搪瓷杯、二楼栏杆上“晾晒”的花格被，便不断提醒着，你已身处于20世纪八九十年代的老成都。

好友围炉，共话于厅堂，几十把竹签串着新鲜的肉类、时蔬在锅中涮烫，涮着吃着说着，成都味就出来了，也不管讲的是成都话、普通话还是哪门外语。

滋味上有延续，也有新添。拿起于长江之滨，为船工和纤夫所喜爱的麻辣汤底来说。传统锅，汤底重牛油重辣口，取了竹签将煮透的食材在手作干辣椒面上一裹，畅快。

经典锅，香不至烈，一瓢半汤半油的原汤搭上花生碎与黄豆粉，更宜不擅食辣的人，将这扑鼻的川香温驯地送入口中。饱了成都美食瘾，也给胃留足了余地。

吃客们在此收获的，
是十几种香料酿得的鲜香

转转会

馆子中的馆子，川内老饕的社交场，各路川菜的社交场。

青砖灰瓦，飞檐斗拱，蓝天碧竹，平房小院，一看便知是地道的川西小院，转转会的烟火就袅袅而起。

吃菜也讲究个怡然自得。如何怡然?以川西小院定了环境基调，室内是实木桌椅，户外则是竹椅子与四方桌——这是成都人敞在户外喝茶、晒太阳的标配，讲个舒适。

转转会的讲法出自民国时期，好友轮流坐庄定期聚会，可吃可喝可耍玩。仅是吃这一项，都有说头。美食家车辐先生便是早年间转转会上的常客，据称那些个老川味光把名字列出来，都叫人垂涎三尺。

好在如今真有这么间转转会，摸到了传统川菜的门路，叫人解了馋。

就拿川菜中的回锅肉来讲，虽为常出现在成都人饭桌上的家常味，但要做到每片肉都呈灯盏状，色泽红亮、香味扑鼻、肥而不腻、糯而不粘，才资格地道。能做到此味的烹制师傅，已炒制了超一万斤的回锅肉。

要做出这些老味道，技艺、食材缺一不可。如一道藿香大鲫鱼，需选用一斤半以上的金黄大鲫鱼，土法炮制的泡菜，最后配以烹饪河鲜超过三十年经验的大厨细细烹制，才能转得上成都人的桌子。

精选食材与精湛厨艺缺一不可的藿香大鲫鱼

私飨·意境文化川菜

听佛音，闻檀香，品禅意，将进餐变成一次舒心缓意的私飨。

“私飨”取自“于己私，与众飨”，意为以私藏之美味，待远道之客。而在私飨，美味有着更具象的解释——食物之美、器皿之美与文化之美。

食物之美，源自对川菜的继承及融合发展。以川菜的二十四味型为基底，融合中国禅文化创造了系列意境川菜。采撷自田坎儿边的折耳根、深山里的鲜松茸……以自然的馈赠，回馈喜好川菜的人们。

器皿之美，源自对四川非物质文化遗产荥经砂器的运用。将非物质文化，借由盛装佳肴的一杯一盏一碗一碟传递予食客，在享用食物之时，可体验悠久的饮食文化。

文化之美，源自空间艺术的杂糅。川菜、川酒、川茶和川戏，皆散落于空间中，打造出极具东方生活美学的“食停空间”。

从袅袅佛音起，至曲径回廊、红墙绿瓦之中，流水、虫鸣、书墨、花木，与食客桌前的摆盘精细的应季料理，一同勾勒出一派幽深之境，引人回到那个文人雅集的年岁。

吃一箸，便慢下来了。

极具东方生活美学的“食停空间”

FireBird 现代法式炭火料理

在成都，享受巴黎左岸的浪漫与惬意。

要考究西餐于成都的发展史，可追溯至清末宣统年间（1909-1912 年），那时外来美食讲究一个道地，成都人吃的便是那口新鲜。

但如今西食想分成都人的胃口，得改，得糅，成都人也乐见于这份融合，新味道一来，便去试去尝，好吃便赞，便传播开来。FireBird，一间越洋而来的餐厅，便以“法式”与“炭火”的组合挑开了成都人的味蕾。

这间 90% 的料理皆采用明火烹制的餐厅，将法餐的精细与高品质带至成都的同时，也受到了这座城市的热辣的浸润——汉源花椒、四川辣椒都用以菜品中，实现了无国界多元混搭。

熨帖与浪漫是其带至成都的礼物。不需太多礼仪与繁复的节奏，给予各个用餐区不同的用餐氛围，甚至将巧思与设计注入每道菜品中。

FireBird 希冀打造的是一处有温情和时间痕迹的空间，以便来此用餐的食客们，从口舌至身心，都能充分投入这场艺术的享受中。而成都的包容与广博，也恰恰给予这方国际美食充分专注于美味的空间。

以“法式”与“炭火”的组合，
FireBird 挑开了成都人的味蕾

集渔·泰式海鲜火锅

喜辣的成都人，得以在冒着腾腾热气的澄黄的冬阴功汤底前，放心地敞开自己的舌与胃，接纳这不同于街口巷陌的好味道。

征服成都人的胃，说来简单，美味即可。但成都人向来被川味养刁了嘴，想在成都闯出自己那片美味江湖，得将“味”钻透、研透。

集渔选择落地成都，相中的便是成都“世界美食之都”的名头——外来美食在成都更易被尝试并接纳。

作为舶来的泰式风味火锅，集渔能在竞争白热化的川式火锅发源地稳稳挺立，并成为年轻人的热门打卡地，靠的便是对味。

那便先讲“味”。

说辣，泰式酸辣比不得川味牛油辛香厚重，讲究的自然不在辣度，在鲜。鲫鱼熬制数小时的浓汤底，需投入椰汁、泰国香菜与数十种香料包，新鲜的食材方可出鲜美之味。

而后，再说“新”。

集渔不新，早在 1998 年便创于泰国普吉岛，泰式口味自然玩得纯熟，如何出新？从空间环境乃至用餐文化着手。除入口食用， 也将泰式风情，以可观可触的实物呈现于空间中，让食客从成都市中心即刻抵达普吉岛。

成都的城市包容性，使得外来美食自然地在大街小巷中敞开、经营并收获赞许。喜辣的成都人，得以在冒着腾腾热气的澄黄的冬阴功汤底前，放心地敞开自己的舌与胃，接纳这不同于街口巷陌的好味道。

泰式酸辣比不得川味牛油辛香厚重，讲究的不在辣度，在鲜

泰式风情的空间，让食客即刻抵达普吉岛边

点评官·有态度

唐敏

四川省川菜对外交流促进会副会长

成都，香香嘴的天堂。

那些好吃的美食每天都暴露于成都的大街小巷，一年365天，你天天都可以吃不同样的东西。

我差不多算成都“骨灰级”的吃货了，仅采写美食这件事就做了20多年，那些排队的网红餐厅，那些汇聚全球顶级食材的奢华餐厅，那些藏在小巷深处的苍蝇馆子，那些鲜为人知的私家厨房……我这样一路吃来，都还没能把成都所有的餐厅吃完，仅前面推荐的十家最撩人的美味餐厅，我也只吃完8家。

我在金熊猫餐厅吃文化，我在马路边边麻辣烫吃街巷市井，我在张烤鸭吃成都本土味道，我在转转会会朋友，我在马旺子吃川菜潮流视觉，我在吼堂老火锅吃新一代火锅江湖，我在廊桥吃国际范儿川菜，我在集渔排队打卡网红店……每一家店都有不同的主题，代表着不同的美味流派，也是不同的香香嘴圈层的聚集地。

热爱美食的人都是热爱生活的，专注成都美食，一家一家吃下去，在味道之外，你必将收获更多姿多彩的人生。

锦波澄霁色

丹楼生晚辉

2020 成都最适合打望的夜游地

另一个样子

192 座桥下

扁舟

邀月

揽风

3000 年前，当古蜀先民把对太阳的崇拜幻化为精妙绝伦的太阳神鸟时，他们一定也习惯了，在日落之后的深夜里，仰望星空，思索族人的命运。那时候，他们也许想不到，多年之后，传承着他们薪火的这座城市，会有多么美丽的夜色和人间烟火。

《铃辖厅东园记》曾以“绮縠昼容，弦索夜声”，载成都夜间管弦之盛。对于此情此景，北宋僧人仲殊也言：“夜放笙歌喧紫陌，春邀灯火上红楼。”

初唐四杰中的卢照邻，写下了节日里成都夜宴的繁丽。他曾于元宵观灯，纵览“锦里开芳宴，兰缸艳早年”。而在爱上彭州牡丹的放翁陆游笔下，成都夜宴不仅有“潋潋玉船摇画烛”，更有“烛焰与花相映”。同样，夜间商肆，也是点亮成都夜空的耀眼明星。从诗人范成大的“东郭风喧三鼓市”，到《成都志》“石室书斋彻五更”，再到李劼人在《死水微澜》里，记下东大街的“灯火荧荧”，成都的夜，一直灯火通明。

而如今，成都夜晚的绮丽，越发千姿百态，明艳动人。它是《成都》响彻玉林街头的旋律，是华灯初上后的博物馆奇妙夜，是兰桂坊、339 的光华璀璨、杯酒生辉，是泛舟锦江，邀月揽风的诗意……多元的夜间生活场景，不仅勾勒着千年的烟火人间，更彰显着这座城市夜经济的繁华，与夜间生活美学的勃勃生机。

成都五岔子大桥

**全国首座“莫比乌斯环”式异形拱桥，
实用与审美兼具的夜游打卡新胜地。**

成都，是一座因水而兴、因水而盛的城市。水网繁密，跨水而过的桥梁自然也多。从李冰治水时代所造的“七桥”到今天一座座横跨街道的立交桥，形态各异、数目众多。

五岔子大桥，是成都的一座新晋网红桥。一夜爆红的背后，折射出成都夜间生活的多彩，夜间出游的翻新，夜间经济的再蓄力。

温柔的夜色下，它是诗意的。

“长桥卧波，未云何龙？”用唐代诗人杜牧的诗歌形容五岔子大桥，或许再好不过。

灯火阑珊中，紧邻锦江绿道的它，整体呈现出流畅的曲线，仿佛一条盘旋在府河上的巨龙，桥下柔波辉映，月影婆娑；桥上流光溢彩、游人如织。

而作为一座被赋予功能的人行桥，五岔子大桥也未曾忘记自己的使命与责任。

被网友称为“莫比乌斯环”的它，凭借独特的造型，演绎出了一个强大的互动空间。

在这里，既有环绕式剧场台阶留驻的感性角落，也有横架于江河之上的蜿蜒桥体所串联的两岸灯火，江滩公园的绿意、社区的热络、老成都与新移民的融合，皆在其中。

用杜牧的“长桥卧波，未云何龙？”形容五岔子大桥，或许再好不过

天府沸腾小镇

盘踞在天府绿道与川西林盘间的特色小镇，有着火锅创意、音乐之声、熊猫文化，勾勒着独属于成都人的城乡记忆。

每当夜幕降临，这里泛起的灯光便灿若星河。这里不是别处，正是夜游打望的绝佳去处——天府沸腾小镇。

沸腾小镇之“沸”，首先便是热锅里翻腾着的麻辣鲜香，酣畅淋漓。

走进玛歌庄园，迎面而来的，便是属于火锅的天上人间。在这里，火锅来得极具创意，亭台楼阁、湖光水色、林间树梢，都是属于它的快意江湖。筷起筷落间，吃到的是独属于成都文化的鲜活、安闲、时尚与浪漫。

这边是夜食的美味，另一边则是夜色、夜秀的极致体验。锦城绿道与川西林盘相得益彰，在五龙山片区良好的生态本底上，绘制出了山湖风貌的大美景致。

悠扬的歌声随着飘荡在湖中的乌篷船忽远忽近，腾升的水雾将两岸的树影掩映成仙境，觥筹交错、诗意阑珊，让人遥想起那消失在历史长河中的摩诃池盛景……

不远之处，大熊猫基地与之比邻而立，还有宝光桂湖文化旅游区、锦门丝绸商贸旅游小镇等风格鲜明的宝藏目的地。沿途串联起的山水绿意与烟火人间，是绿道与“文、体、旅、商、农”多元产业的融合，也是生态价值转化为经济价值的时代之意。

走进玛歌庄园，迎面而来的
便是属于火锅的天上人间

夜游锦江

以独具韵味的锦江夜游，复活诗圣杜甫的千古名句，寄托了成都人关于水乡的浓浓乡愁。

从诗圣杜甫的“窗含西岭千秋雪，门泊东吴万里船”，到元代旅行家马可·波罗的“水上船舶甚众，未闻未见者，必不信其有之也”，锦江商贸的盛景经久流传。

泛舟锦江，一直是成都人心中的美好愿望，而“夜游锦江”用“夜市、夜食、夜展、夜秀、夜节、夜宿”六大生活场景将其变成了现实。

从东门码头出发，跟着诗人的思绪，乘一艘画舫轻舟，顺江而下，皓月做伴，江水为依。徐徐拉开“锦江故事卷轴”，沉醉其中，不知今夕是何夕。

游过东门大桥，便闻古乐环绕，更有河堤为布，光影为笔，跨越千年时空，邀来诗圣杜甫，乘坐着一叶扁舟，将《春夜喜雨》中“晓看红湿处，花重锦官城”的美景娓娓道来。

“水岸街坊船，锦江不夜天。”沉浸其中，我们看到的不仅是菩提声光秀下的绿满蓉城，还有曲艺坝坝茶中的天府韵味，不仅是晋人左思“带二江之双流”之景幻“画”成真，还有闹市禅修的空灵、两岸风光的旖旎。

从东门码头乘一艘轻舟，
徐徐拉开“锦江故事卷轴”

成都兰桂坊

水岸江火，慢摇微醺，老街新颜，杜康、霓虹、电音、小食，在这里打开了一扇烟火之门。

赵雷的一首《成都》唱火了小酒馆，殊不知，成都的酒馆不计其数。早在千百年前，便有唐朝诗人李崇嗣诗曰“闻道成都酒，无钱亦可求”；宋代陆游也曾呢喃“京华豪饮酹千锺，濯锦江边怯酒浓”。

而如今，一提成都的夜与酒，便绕不开兰桂坊，相比于江对岸接地气的九眼桥，这片街区，来得更加时尚、多姿。

夕阳西下，伴随着廊桥亮起的光晕、水井坊的醇香再次吞下一个白昼。徜徉于兰桂坊的各色酒吧，像是深海中的鱼群，被夜色骤然唤醒，在慢摇微醺中，为城市打开了通向另一世界的大门。

人气王革命鸡尾酒吧 REVOLUCION，端着琳琅满目的鸡尾酒，摇曳着古巴风情走来；七堂酒馆以最具创意的中式鸡尾酒，突破常规，在杯中斟下故事；墨蒲 MOOP 拨动着强劲的琴弦，只等电音爱好者们燥热现身。

海雾里小酒馆停靠在角落，安静地看着江面的风景。黑茨翻滚着美式灵魂，炫酷说唱、全球洋酒，声势浩大。还有浅唱低吟的黛妮 Zebra，资深的音乐房子，不止于酒的迷河 Mehoo，老友聚集地 Amigo，炫酷的音乐大篷车……

微醺过后，兰桂坊背后，还有一条刚刚老街换新颜的黄伞巷，木质雕栏、飞檐翘角，隐秘而充满宝藏的街伴你入最深的夜。

慢摇微醺中，兰桂坊的各色酒吧
为城市打开了另一扇大门

成都味道
339 时尚夜消费

城市地标，霓虹闪烁，这座 339 米的高塔，正在书写夜间经济的无限可能。

天府熊猫塔，塔高 339 米，因此，被成都人亲切地称为“339”。伫立在城市夜空的它，是最能代表成都夜生活的地标之一。

想与诗仙李白一样“举杯邀明月”的，不妨去到 339 旋转餐厅，登塔赏月。在成都最高的观景台，一边吃美食，一边俯瞰整个沉浸在夜色中的城市之景。逢年过节，电子烟花、熊猫爬塔灯光秀、音乐秀齐上阵，身临其境，更是别样震撼。

或是打卡夜场胜地 SPACECLUB、成都最具本土特色的贰麻酒馆，与熊猫酒仙一起，在音乐声中，品曹操笔下“对酒当歌，人生几何”的豪迈。

想要得别具一格的，则可以去拾野自然博物馆寻一场奇妙夜。在这里，闭上眼睛，可以体验到与 3 万多件动物标本共探世间奥秘的神奇。

还有占地面积达 7800 平方米的德国进口极速熊猫卡丁车馆，即刻为你呈现速度与激情的私人定制。随着赛道上的火力全开，每一个毛孔都仿佛得到了呼吸的快感。

若是赶得巧，或许还能与“创意咖”们聚集的活水市集来个浪漫的邂逅。

丢掉白日的束缚与包袱，沉浸于原创手工、自制小食与趣味好礼，它们贩卖的，不是商品，是故事、归属、创意，与这座城市的美好印记。

被称作“339”的天府熊猫塔，
是最能代表成都夜生活的地标之一

文轩 BOOKS 招商店

从老到新，文轩 BOOKS 试图把握文化风向，捕捉成都最为鲜活、生动的文化新面孔，成为都市青年的文化阅读新据点。

成都的夜，有一部分沉浸在幸福的阅读时光里。一张囊括 3000 多家实体书店的书店地图，扎实成长，用思想指引点亮了这座城市。

2020 年 5 月底，成都城东最大的书店——文轩 BOOKS 招商店——正式启幕，每天营业至 22 点，再次续写了这座城市关于夜间文化生活的新篇章。

在它近 1 万平方米的空间里，收纳了 10 万种 30 万册图书。漫步在书架间，主题检索带来的点点文思迎面袭来。

不经意间，还能邂逅上百本“治愈”系图书开出的心灵“处方”——“人间处方图书主题展”，又或是以“成都”为关键词的图书展——“成都——烟火人间三千年图书主题展”。

书店的功能设计也极具个性。

尤其值得一提的是，它为读者们准备了一片舒适的阅读空间，漫长的夜晚，众人皆可在这里获得心灵的小憩。同样，它还是思想的聚集地，能容纳 300 多人的小剧场式演讲厅，是文化大咖与读者间沟通的桥梁。

此外，还有独立面包品牌 WHEAT&BAKER、CHATEA、yummy 西餐厅等消费场景在这里打破了传统书店的边界，带来更丰满的阅读之外的体验。

文轩 BOOKS 招商店续写了成都夜间文化生活的新篇章

成都华侨城欢乐里

夜幕下的欢乐里，如同一个紧跟时代的五色魔方，装下了普通成都人的安闲喜乐。

盘踞在成都西北角的欢乐里，是成都特色商业街的代名词，它书写着普通成都人的生活哲学，欢喜乐购的合家欢情怀，文艺的精神食粮，浓浓的社区守望，都被装进了这个时代魔方里。

魔幻城堡、欢乐时光、加勒比旋风，在欢乐里以北的大型游乐场所欢乐谷，每一个夜晚都沉浸在狂欢的盛宴中，为来到此处的游人铸造着童话般的梦。

而在紧邻的欢乐里，人们对自由、飞行，以及童话世界的想象，又被迁徙至各个主题部落，麦鲁小城、攀岩基地，为儿时的梦插上了翅膀，燃烧着运动的激情。

如果说欢乐里夜空的 A 面沉浸在欢脱的热血中，那么它的 B 面，则在智识构筑的思想场域里恣意畅游。

2019 年年底，一座跳动着节奏韵律的白色建筑——方所旗下首个自营主题型社区书店方庭，在这里驻扎生根。

琴键似的书架、书籍油墨的芬芳、黑胶唱片的悠扬、现磨咖啡的醇香……织就的，不仅是阅读的场所，更代表着一个参与型的开放式邀请。

作为普通人的夜游圣地，这里还是一个庞大的潮品消费场所，不断更新着城市的时尚指数与运动魅力。各大运动休闲品牌汇聚一堂，刺激着夜间经济的再度勃发，更诠释着运动成为一种生活方式的可能性。

在夜的包容里，它的户外广场，也成为生活美学的内容池：艺术展览、光影秀、极限运动比赛、亲子嬉戏、家长里短、悠闲自在的和平鸽……它属于城市里的潮玩青年，也属于老人与孩子。

在欢乐里以北的欢乐谷，
每一个夜晚都沉浸在狂欢的盛宴中

天府芙蓉园

以繁花之灿烂，将城墙遍植芙蓉的传说变作现实；以夜色之斑斓，诠释成都夜生活之多元多姿。

天府芙蓉园，得名于成都传承千年的芙蓉文化，明人冯任便曾诗云：“蜀纻于今夸丽密，浪花堆里缬芙蓉。”

四季轮回，花开似锦，装点着园子的春夏秋冬。从30余类芙蓉重现的城墙遍种芙蓉花繁景，到浪漫的郁金香花海，从清丽悦目的蓝花楹到盛放期的向日葵花田，这里逐渐成为人们诗意回归的故乡。

正如繁花之灿烂，天府芙蓉园的夜也是斑斓的。

2020年年初的“首届天府芙蓉园国际灯彩节”，活灵活现地呈现了中国神话《山海经》及西方诸神的故事，上演了一场东西方文明的光影对话。

此外，在这里，你还可以蹦跶在“简单生活节”夜幕下，恣意狂欢；趴在“房车露营节”的帐篷里，观星空之浩瀚；于“千人荧光跑”中，挥洒健康的汗水；醉心于“绿道骑行”，欣赏沿途风景；沉浸于“小龙虾节”，于花间密林，来一场美味邂逅。

2020年5月，天府芙蓉园喜提国家AAAA级旅游景区。不得不说，作为成都“公园城市”建设中的一块小部落，坐落于锦城绿道江安森林段的它，是传播天府文化，诠释成都慢生活的鲜活载体。

首届天府芙蓉园国际灯彩节，上演了一场东西方文明的光影对话

成都建设路夜市

建设路，是成都美食小吃街中的绝对网红。它承载着老一代成都人的记忆，也拥抱着新一代成都人的青春。

建设路，是成都美食小吃街中的绝对网红。它承载着老一代成都人的记忆，也拥抱着新一代成都人的青春。

背靠电子科技大学沙河校区的它，有着“电子科大美食街”之称，常年以来，经受着来自世界各地年轻好吃嘴们的检验，能留下来的，都是小吃界的绝佳选手。

说是夜市，但这里的白昼也是热络的。天色一暗，建设巷与建设路交错的十字路口更是塞满了觅食的人群。各种本土小吃店铺密密麻麻，店招形形色色，灯火通明，如浮在夜空中的路标般，串联起好吃客的夜食路线。

街口周签签锅巴土豆门口排起的长队，街对岸的烤苕皮跟前攒聚的人气，经年累月，让人好奇到底怎样的滋味才配拥有如此的拥戴。

火辣软糯的耙鸡爪，配冰汤圆可谓最佳，还有周边百米内的各种铁板烧、臭豆腐、乐山咔饼、火锅粉、炸物、烤串，以及塞上糯米的冰糖葫芦……怕是耗上多时也难以尝遍。

若是还不能解馋，出了建设路的“主会场”，马上便可拐入商圈第五大道，烤鱼、把把烧、小龙虾、汤锅……层层叠叠的商户，正在打开关于露天夜食的另一种可能性。

能在建设路留下来的，
都是小吃界的绝佳选手

夜猫子夜市

以“夜猫子”之名，在小小的摊车里，为游荡在城市的灵魂，烹煮最有温度的成都味。

相比于建设路夜市，夜猫子夜市更靠近市中心，也更具社区性。

正如“夜猫子”之名，它似乎专为城市里的“夜猫子”而开，每天下午 5 点开市，22 点闭市，既带动了夜经济，也为周围的居民留下夜间舒适圈。

夜市的摊位并非铺面，都以统一的摊车为主，在广场之中，形成了一个可以流动的美食矩阵，随时到访，都干干净净、整整齐齐。

由于比邻宽窄巷子、人民公园等热门景点，这里的小吃，在将本土品味一网打尽之外，还带了不少南北调性、国际风味。

广场入口的一侧，露天小酒吧，输送着醉意；大葱烤肥肠是夜市上的黑马选手，日式玉子烧也十分抢手。

另一边，锡纸烤脑花、蛋烘糕、糍粑冰粉、冷锅串串正当旺季；蚵仔煎、上海生煎包、鸡翅包饭、潮汕蚝烙也烙得正香。

翻滚的热气、鲜香的味道、温暖的人情在这里聚集，既安抚着夜猫子的味蕾，也向外来游客传递着属于成都的美味。

大葱烤肥肠，夜猫子夜市上的一匹黑马

点评官·有态度

廖三怡

资深媒体人 / 文旅从业者

成都入夜，从一锅纯牛油锅底的火锅翻滚入味。只有味蕾享受“麻辣烫”360度洗礼才算吃过。沸腾小镇，入夜即沸腾。

成都入夜，从玉林西路小酒馆门口潮男潮女排队打卡入戏。只有哼一曲《成都》，牵手在玉林路，“抵拢倒拐”才算到过成都。玉林，入夜才入戏。

成都入夜，从江滩公园五岔子大桥刷屏入围。乘风破浪小姐姐玲珑曲线，媲美大桥独一无二几何身线，哪一个更让你欢喜？五岔子大桥，入夜方入围。

成都入夜，从“夜游锦江”千年杜诗的雅韵入心。成都人爱水，将锦江之水托在手中，品味三花盖碗，泛舟锦江，心念着好雨知时节，怀想着门泊东吴万里船。舟行繁华都市，接驳田园绿道，河上谈茶闲摆，上岸川剧清音。夜游锦江，入夜更入心。

烟火成都，幻夜天府入梦来。华灯对舌尖，盖碗茶对龙门阵，巷陌老院与苍蝇小馆，喧嚣酒吧与清幽旧街，锦城夜韵被拨弄得巴巴适适。成都的夜，根本是写不出来的，是绵长的夜和老长的街发酵酿出来的。“YOU 成都 · 新推荐”把成都最美的夜点亮给你。

灵感的苹果圆熟

2020 成都最高光的文创空间

魔法

古时候写诗

要铺开宣纸 平平仄仄

现在只要 一颗脑花

即使在文字付诸阙如、记载茫然的“四万八千岁”里，成都人恣肆的创造力与想象力，就足以冲破传说的迷雾：蚕丛纵目远视、子规夜啼哀伤，文君相如知意、三国风云荡涤，太阳神鸟炫目飞天、治水石犀沉稳入渊……都是想象与创意的力量，不断雕刻蜀人历史的青铜，留下金色印记。

这片土地所生发的想象，在先民们的口口相传中诞生，在扬雄、常璩们的赋颂史志里孕育，也在太白、少陵们的诗酒人生中飞扬。想象力的密林，落定在成都的时空里，始终生机勃勃。

这片土地所滋润的创意，经由史籍与演义，幻化出无数各异的姿态——在成都，在中国， 甚至在全世界，武侯、三国、草堂、熊猫的形象，都在文创从业者们的灵感中，不断重生成衣食住行中的色香味形。

成都人的创造力，自始至终有着两副面孔：它既具体地安顿人们生活世界中的衣食住行，又飘飘上升，闯入超越的领域。

从“蜀儒文章冠天下”的官学繁盛，到“自古诗人例到蜀”的风流高歌，文脉悠悠，把远去的岁月、生命和声音，留给了当下的我们。

再经由成都人创造力的双手，通过“蜀刻甲天下”的精湛技艺， 蜀王与治水者的形象， 得以在千万张书案上同时复活。而李、杜、苏、陆的文字与精神，更可以在城市中的每一间书肆里，熠熠生辉。

在天府之国生长诗歌和传说的紫土里，先民们驯服自然的伟力，和近代川人的勇敢，都通过各色扎根于时代的书店与创意之空间，播种想象力的密林，滋养灵感的金苹果——果实圆熟，让你我面对未来的精神，整装待发。

成都漆器工艺厂

4500 年成都文明，3000 年“如胶似漆”。成都漆器厂，作为当今成都漆器的核心产地，一直致力于漆器的生活化。

“漆从西蜀来。”

与太阳神鸟同时出土于金沙遗址的漆镶玉，不仅实力证明成都漆艺始自商周的悠久历史，还以其技艺的高妙，为漆艺在后世的发展注入了流光溢彩的不朽魅力。

古蜀漆艺辉耀三千余年。1954 年成都漆器厂建立。此后六十余年如一日，成都漆器厂坚持使用天然大漆，遵循古蜀传统手作，使得“成都漆艺”这一国家级非物质文化遗产得以传承。

在传承成都漆艺技法的同时，成都漆器厂更希望让漆器能够出现在公众的视野里，而不仅仅是出现在博物馆和艺术馆的展厅里。

近两年，在国家级非遗传承人、漆器厂艺术设计总监尹利萍，和成都漆器厂负责人王岳峰的带领下，成都漆器厂勇敢地成为“斜杠青年”。

“让设计回归传统，让传统回归生活”，成都漆器厂以此为理念，不仅推出了一系列原创文创产品，如采用成都漆艺“雕银丝光”装饰技艺设计的印泥盒、对碗、茶道四君子等，还开发了各项文创体验活动，如以成都大漆与成都漆艺，用耐心和细心，制作一张专属的镶嵌芙蓉、银杏等图案的书签。

另外，漆器展、漆艺美学分享、跨界联乘创意设计等，更是让成都漆艺这项非遗美学，走出成都漆器厂的空间，进入现代人的日常生活之中。

成都漆器厂开发的文创体验课程

毛边书局·桃蹊书院

在毛边书局，被精心收藏的珍贵古旧书，被安稳存留的巴蜀文化与记忆，20 多年来熠熠生辉。而毛边书局·桃蹊书院，将这宝藏的光亮，植入成都人的心中。

如果说成都漆器厂是古蜀文明在现代生活里的再生，那么毛边书局·桃蹊书院则是成都乃至巴蜀地区历史与当下智慧的集中展示——在这里，文字、书册与热爱，就是创意人不竭的灵感之源。

成都最知名的古旧书店毛边书局的创始人傅天斌，在书局开业的第 21 年，与成华区桃蹊路办事处联合创办了“毛边书局·桃蹊书院”。

桃蹊书院不仅承担着图书室、活动中心等社区公共空间的职能，还以多个大小不一的可变空间，多元呈现口述史、观影会、国学讲座等系列文化创意，不断回应着社区居民和活动参与者们不同层面的精神文化需求。

书院的三楼，毛边书局继续发挥它为读书人滋养的本义；同时，又成为自身的驱动力，将这里的 10 余万册书籍、20 多年的经验、几千年的巴蜀文明，作为源源不断的灵感，进行更系统、更具创新性的思考，以激发文化资源的力量。

其中尤其值得一提的是毛边书局的“巴蜀文化专架”。

专架上的 2 万余册巴蜀文化类书籍，1 万余册地方志类书籍，以及 3000 余册川菜类书籍，是比川内许多高校图书馆都更齐全的收藏。这不仅最大限度地满足了社区居民的借阅需求，甚至不少专家学者都来此购买古旧书籍、查阅珍贵史料。

具体到文创产品，以收藏的 3000 余册川菜类书籍为基础，毛边书局推出了川菜文献特展；以阅读为媒介，毛边书局开发了藏书票、画笺等特色文创周边……

如何更好地活化这里珍贵的收藏，毛边书局一直在思考和做出回应。

毛边书局·桃蹊书院
文创产品——桃蹊笺谱

白夜

20多年来，白夜的生发与变迁，从未停止。在未来更多的20年里，她和她身上发生的创意事件，都在要求我们更新的认知与推荐。因为，白夜本身，就是一个不断更新的事件。

1998年，当毛边书局诞生于湖北省一家新华书店时，诗人翟永明和艺术家何多苓，在成都创办了独立文化品牌“白夜”。

无论是位于玉林西路的旧址，还是位于窄巷子的新店，白夜一直以其诗性的态度和充沛的活力，成为中国乃至全世界作家、诗人、艺术家、文艺爱好者的聚集地，也是中国最具影响力的文化空间之一。

20多年来，以白夜为坐标，文学、艺术、音乐、电影、话剧，及其相互之间的跨界交流不断上演——和成都本身一样，白夜让所有精神领域的互动形式，都能够得以表达。

作为培养皿，白夜让当代中国精神不竭的创造力互相碰撞，从而驱使艺术、思想与生活的创造，通向它们或冷冽、或温暖的形态。

20多年来，白夜的空间，也见证了成都的文化生活，甚至是成都文化圈本身的变迁及生长。

白夜让自身成为这座城市人们精神之海的桥梁——在桥上，富有创造性地探讨、分享与对抗，川流不息，为城市赋予了诗意的形象。

而白夜本身，更成了成都生活美学的一部分：作为和琴台、草堂一样的属于诗歌的印记，她让城市和市民的智慧，得以充分地承继和表达。

白夜以其诗性与活力，成为作家、诗人、艺术家、文艺爱好者的聚集地

方所成都

方所以当代生活审美为核心，涵盖图书、美学生活、时尚、展览与多元艺文活动，试图构建一种独一无二的新生活美学体系，提供城市文化公共空间的新可能。

作为成都重要的文化地标，白夜已经在成都的街巷中生长了20多个年头；而5年前，位于太古里地下的方所，以新鲜、震撼的体验，带来了一个独特的文化组合。

驱动方所这座地下“潜艇”的力量是全新的、活泼的，它想要提供的是一种具有审美性和反思性的生活方式。

所以，作为书店，方所图书以艺术、设计、文学为核心，让从全世界而来的，关于书籍与人文的当代思潮，都在成都奔涌。

作为成都地标性的文化创意空间，方所提供的远不止有态度的书刊、有思考的设计，以及有审美的产品，在短短5年内，它还给出了源源不断的创造性输出，以及关于城市生活的、永不枯竭的想象力。

自第一天开始，丰富的系列文化活动、多元的文化及艺术形态表达、跨领域与时代的创意展览，便持续在方所的空间里发生。

文学、电影、音乐、历史、艺术、设计……各种文化类型在此呈现、讨论、交锋和延展，交织出独特的文化景象。

基于对城市文化核心的思考，方所还策划举办国际书店论坛，邀请在全球极具影响力的书店及书业代表，展开经验分享与思想交锋，共同探讨当下书店如何聚合和创造文化价值，从而提升城市的文化力量。

方所真正把创意的力量视为了书店，甚至是一座城市的吸引力的核心表达。

书籍之外，方所还输出着关于城市生活永不枯竭的想象力

岩羊手工杂货店

公益的力量，也成为创意的动力。在岩羊，一个个小小的世界，经由手工艺人的双手和发现美的力量，串联在了一起。

如果说文创是人类精神的创造力在市场生活中的投影，那么公益小店岩羊BlueSheep，就在双重意义上为文创精神准备了栖居之所。

作为一家公益机构，岩羊对于社会而言有着不可或缺的实用功能；但同时，岩羊的运营方式，却凝结着创始人瑞秋·佩尼格女士坚韧的创造力——它以岩羊杂货店为中心，为经济上的弱势群体，如被残疾、疾病和自然灾害影响的人们，以及单亲家庭和偏远地区的人群创造就业机会。在这个过程中，岩羊会协助他们学习生产技能，教他们利用容易获得的材料，来设计和创作手工艺品，并在岩羊进行展示和销售。

于是，来自不同地区、国家的人们，把各自国家、民族和家庭的生活细节，把国际化与地方性，都带进了成都这座城市的日常生活。

在岩羊，我们更是可以见到具体而细微的创意实践：比如，店内的明星产品羊驼是成华区残联的手工艺人们制作的，它以其憨态可掬的形象，和背后携带的不屈的精神，在岩羊持续热销。

岩羊也十分重视挖掘公益作品背后的文化信息。如在店内售卖的彝族刺绣作品，出自西昌昭觉一些彝族女性的双手。它们被设计为挂件或者画框，出现在一个远离诞生地的场所，使得关注到它们的人，不得不去关注它们背后的非遗文化、情感记忆和人的生活。

岩羊小店的创意手工艺品

集火实验室

在集火，每个人都是普罗米修斯。勇敢地采撷智慧与火种的创意者，是创意城市最珍贵的原动力。

岩羊是手工艺人，以公益的态度，给需要帮助的人撷取的希望之火。在成都，还有一群年轻的城市创意工作者，自许为希腊神话中为人类带来智慧火种的普罗米修斯。

创意人才，向来是创意城市的原动力，集火实验室，就是成都的普罗米修斯们实践理想的场所。在这个落地于成都老社区的创意空间里，创意人基于文化创新的社区营造理想成为可能。

在这里，他们聚合起散落在这座城市的、属于每一个市民的创新火种，并使之成为更闪亮的光与热。

在集火，我们可以遇见所有类型的，人与人、创意与创意的交互。

炙手可热“城市论坛”是新思想、新观念的交锋平台；“一月一次空间艺术共生计划”让艺术走进寻常巷陌，“集课工作坊”请来世界各地的导师分享创意经验；“火种计划”倾力为有想法的青年提供实践的机会；持续性的原创 IP 打造，每月一次的社区沙龙和系列城市调查，从线下和线上汇集……

作为一个基于“城市更新发展研究”和“文化艺术交流”的综合创新平台，集火集文化创新、创意设计、综合运营于一体，探索城乡等值与城市有机更新之路，孵化和传播先进公共价值。

在集火，每个人都是普罗米修斯。

在集火，可以遇见所有类型的
人与人、创意与创意的交互

新山书屋

作为一家对书籍选择有鲜明态度的书店，新山一直希望借由更多氛围和场景上的创意营造，吸引人们主动走进书店，在这里停留和享受更多的时间。

从2019年秋天开始，为成都注入年轻力量的新山书屋，已经收获了大量读者和热爱生活之人的关照。

对于“文创”，新山有自己新鲜、独特的理解：文创的根本，是要让文化真正融入日常，为社会的进步服务。

所以新山把自己当作一个文创的介质，试图通过发掘引进、合作推介和原创设计，让文化的再设计成为流动的、持续性的力量。

在新山的空间里，除了新山的原创文创品之外，我们还会看到许多艺术家、文创工作室的作品。这些作品被发掘及进一步再设计，甚至是首次引进出现在西南地区，成为新山独家发售的文创产品。

但新山绝不单视文创为架上的商品，而是不断通过空间装置、创意展览、黑胶派对，甚至是一场婚礼等不设限的趣味使用场景，来突破空间使用者想象力上的壁垒。

新山对文创产品和创意生态还有更广阔的规划，它认为城市文化如果仅仅局限在店内这个物理空间，就会迅速枯萎。

新山由此不断突破作为一家书店的社会承担，比如，以公益活动、文化市集等形式，进入社区甚至学校，让文化再设计的力量持续传递，进入社区单元，让城市文化的小生态更美好。

刚来成都一年的新山，收获了大量读者和热爱生活之人的关照

不局限于物理空间，
新山不断突破作为一家书店的身体

三联韬奋书店（成都）

“三联生活”集合了来自全国的精品文创设计，走进三联韬奋书店（成都）的文创产品专区，你可能别想空手离开。

三联韬奋书店在 2018 年与成都见面。作为三联韬奋书店在北京外的全国首家分店，位于宽窄巷子这座四合院里的灰蓝色空间，被赋予了“三联生活”“三联阅读”和“三联活动”三种不同的空间职能。

其中，四合院进门后两侧对称的四间房屋，是以文创产品为主的“三联生活”空间。这是一个活化创意的空间，来自三联自主设计生产的文创产品，和其他品牌的精品文创，都可以在这里得到展示。

对这座不算大的四合院来说，三联用以展示创意生活方式的空间如此宽阔，可以说是很有远见——三联希望这里成为一个文创产品的孵育器，吸引更多的设计师品牌入驻，呈现更为丰富的创意生活面向。

在其中，我们能看到许多三联自主推出的文创产品。我们发现，三联在规划文创产品时，充分考虑了创意设计的在地性，将成都的标志性建筑、文化元素和大熊猫形象等，都运用到了产品设计中。

而对其他文创品牌的选择，三联也有自己的态度。比如，以经典小说为灵感设计的丝巾，著名作家和神话人物肖像冰箱贴，成都本土设计师设计的传统纹样装饰……这些带有浓浓文化气息的文创，都被三联生活纳入版图中。

三联韬奋书店（成都）由王亥主持改造

完美文创公园

和二仙桥公园比邻，重生工业遗址风貌，音乐演出、文创市集、娱乐打卡，北门新地标，对味了就是完美。

与前面的文创空间有所不同，一、二期项目占地 60 余亩的完美文创公园，是一个融汇了音乐、影视、游戏等的创新文化产业集群，旨在成为成都首个数字视听文创聚合载体。

从成都地铁 7 号线八里庄站出来，就能看见一片复古工业风格的红砖厂房。这里以前是成都的重工业基地，产业升级腾挪后留下了一片工业遗址。现在，曾经的老工业区已经蜕变重生，成为聚合年轻潮流的文创园区——完美文创公园。完美文创公园有多种打开方式：

或约上三五好友，在红仓广场或下沉广场，放松身心，享受自然和建筑之美；或于园区漫步，不仅能听到美妙的音乐现场，还能时不时偶遇正在排练的音乐人。

再或者在艺术展厅享受沉浸式展览，在创意市集邂逅独具特色的文创产品，甚至参加一场电竞比赛……

完美文创公园的日常，对文化产业的从业者和受众来说，都是完美的、可沉浸体验和消费的日常。

从重工业基地蜕变为潮流文创园区的完美文创公园

院子文化创意园

在院子文化创意园，你会看到年轻的创意力量，和老社区的自在精神，正在相互吸引和互为给养。

除了完美文创公园，成都还有许多文化创意园区。它们有的体量不大，但却以持续性、有价值的文化输出，为成都的创意文化生态注入源源不断的活水。

比如，院子文化创意园。

在成都，玉林是成都生活的代表符号，也是一个融合了成都人文生活气息的街区范本，院子文化创意园就坐落在玉洁巷和玉洁西街的交叉口。

“院子”由玉林街道区域内一处老房子改造而成，它是成都第一处与社区共建的文创园区。开园近两年来，院子文化创意园运营团队和武侯区玉林街道办事处，一直采取共融模式。

“院子”同时也是一处文创孵化园区，专注文化艺术类的孵化，现已有 11 个工作室入驻。

比如，持续关注城市越来越丰富的音乐场景的音乐现场摄影师忍花草，和他的工作室“PH7 摄影团队”；专注于产品设计，并将环保理念贯穿于设计中的设计工作室 ummroom 等等。

自两年前开园以来，“院子”每月都有工作室开放日，每周有 2 ~ 3 个创意活动在此发生。

其中，“后市场 Post Market”更是成都近年推出比较早、定期且参与人数众多的市集，聚合众多感官与内容为一体，后市场 Post Market 给市民带来了文化交融的全新体验。

院子文化创意园一周年派对

点评官·有态度

李若锋

成都时代出版社有限公司董事长 / 总编辑

鲁迅写《社戏》的时候已经是中年，但是少年时期的鲜活记忆却跃然纸上，以至于，那一个江南水乡大人、孩子熙熙攘攘的社戏庙会，成了民族的共同场景记忆。

我常常在想，一个人的童年，如果没有这样的场景记忆，一定是很苍白空乏的。

一座城市不也一样吗?

越来越精致的马路，越来越漂亮的高楼，这似乎成了现在中国许多城市共同的风景。

如果没有文化创意的空间，仅仅是街道绿荫，仅仅是吃饭喝水，仅仅是宽窄相似的门牌，仅仅是陈设雷同的包间，我们对城市的感受似乎会越来越狭小逼仄。就像鲁迅当年的小镇，如果没有社戏、庙会，他的生活会少掉多少色彩，甚至说，中国人的文化共同记忆里，会少掉一角鲜亮的瓦屋。

成都这座城市，其实是最有文创气质的城市，是一个能够把漆器留存几千年，至今还流连和制造其绝美的地方，一个可以把刺绣锦片做成中国一派的地方，一个可以在旅游闹市留一爿书屋、一间白夜、一个新奇之地让全城趋之若鹜的地方。

就是这样的成都。

成都人爱社戏，爱创意。他们天生有一种本能和本领，拒绝无趣，追求新奇。

成都人有一种神仙气质，拒绝暗淡，拒绝沉沦，他们喜欢清扬向上，去触摸绝尘之气。

这样的成都才是成都。

不管在前世还是今生，它始终是一个于社戏场景里流连徜徉的新鲜少年。

不蹈不舞，不疯不仙，不创不新，不奇不异，枉过此生，枉为此城。

成都的动感
从未止息

2020 成都最燃的运动空间

多巴胺

遥望雪山，我们如灌口的神一般蹲下又站起

承接了我们流出的盐分与水

橡胶地面上，碳基的铁生长

1994 年，当不绝于耳的“雄起”之声在四万人聚集的成都体育中心响起，无数狂热的中国球迷才第一次，透过激动而闪烁的电视屏幕，学到人生第一句成都方言。而“雄起”所蕴藏的原始力量和运动基因，在成都人的血脉中，已经流淌了几千年。

盛唐之时，马球风行，长安皇族的球衣来自成都的蜀锦工匠，“杖移鬃底拂尾后，星从月下流中场”。即便在纷乱的五代，蜀地依然保有一方竞技的净土，“朱雀门高花外开，球场空阔净尘埃”。

古往今来，日新月异，成都的动感从未停息。从足球、篮球，各类球到登山、游泳、马拉松；从遍地开花的健身场馆，到细分的各类武术格斗场馆；从溜冰、滑雪到射箭、马术，从小轮车、桨板赛，到攀岩、滑翔伞，运动成为成都最前沿的时尚，每项运动，都能找到自己最舒适的空间。

人的气质，就是城市的气质。蜀地向来闲适自在、优哉从容；但在竞技场上，却是全情投入、寸土必争。能向对手送上的最高尊重，就是拼尽全力。

当体育精神植入公园城市，当成都人的汗水流成了又一道锦江，成都便已是当之无愧的世界赛事名城。继世警会之后，大运会、世乒赛、世运会的彩旗，也将在成都的天空中飘扬。

锦江绿道
江滩公园

江滩公园重新定义了逛公园的姿势，要逛，更要律动。

头顶蓝天，沐浴阳光，光脚踩在柔软的沙滩上……说沙滩排球是最具夏日海岛元素的运动也毫不为过。而在成都，这项始自 20 世纪 20 年代、极具魅力的休闲运动，在锦江绿道江滩公园就能体验。

锦江绿道江滩公园有着全川最大的沙滩排球场，沙滩面积达 6200 平方米，有 5 个标准沙滩排球场和 1 个非标准沙滩排球练习场。2019 年 8 月，就是在这里，上演了第十八届世界警察和消防员运动会的沙滩排球项目。

除了沙滩排球，来到锦江绿道江滩公园，你还会邂逅一个 3000 平方米的无边泳池和一个 3D 立体碗巢滑板运动场。

沙滩、泳池、滑板场，锦江绿道江滩公园用潮酷的运动重新定义了“公园城市”的生活美学。在这里，挥汗如雨才是逛公园的正确姿势，动起来才是最时髦的生活态度！

第十八届世界警察和消防员运动会
沙排项目

尖峰旱雪四季滑雪场

尖峰旱雪四季滑雪场是西南最大的旱雪场，无论春夏，不分秋冬，随时体验滑雪的魅力。

生在南方，最遗憾的莫过于“雪”成了生活里的稀罕物。可是最近几年，越来越多的成都人爱上了滑雪这项运动。一到冬天，赶着趟去太子岭、鹧鸪山、西岭雪山滑雪的大有人在。

殊不知，从成都市中心出发不到一个小时车程，就能抵达一个专业的旱雪公园。在这里，无论春夏，不分秋冬，一年四季都能体验滑雪的乐趣。

尖峰旱雪四季滑雪场是西南最大的四季旱雪馆。进入雪场，各种坡度的雪道错落有致。几根骑滑道专为零基础的菜鸟准备，此外还有初、中、高级道，单板道和空中技巧、跳台等多条滑雪道。无论你是初次滑雪的菜鸟还是滑雪发烧友，总能找到一条适合自己的雪道。

2020 年 6 月，刚刚建成的大跳台（Big Air）正式投入使用。这个高差 40 米的跳台专为冬奥会比赛项目训练而设，将迎接国家队、省队前来训练。

旱雪，顾名思义，就是在没有雪的情况下，用特殊的材质模拟雪地。尖峰旱雪四季滑雪场的旱雪材料采用的是世界上最先进的金针菇旱雪毯，同时配备了最安全的专用防护设备。

滑旱雪所用的工具、技术都和滑真雪相同，从滑雪者的体验感来说，相似度也高达 90%，所以也有人把旱雪场称为“滑雪界的驾校”。

有研究表明，人类在滑雪中体验到的快感，来源于本能中对速度的追求。从高空飞速下降，耳畔是呼啸的风，身影在雪上投下飞驰的弧线，心情也跟着自在和明快起来。如果你也渴望拾获这份让心脏怦怦直跳的“飞行”快感，那么不妨来尖峰体验四季滑雪的魔力。

专为冬奥会比赛项目训练而设的高差 40 米的跳台

WePark 玩湃社区智能足球公园

智慧足球场，为足球这项运动打造了一个全新的场景，在家门口就能踢“世界杯”。

要说当今世界上开展最广、影响最大、最具魅力、拥有球迷最多的体育项目，足球当之无愧。可是，你能想象在家门口踢一场“世界杯”吗？成都市青羊区少城街道内，就有这样一个麻雀虽小、五脏俱全的社区智能足球场。

WePark 玩湃社区智能足球公园位于宽窄巷子二期，整个足球公园的面积还不到一个标准足球场的七分之一，却包含了 24 小时智能足球教室、快乐足球练习场、社区智慧康体空间、快乐运动文创沙龙等多个功能模块。

这个足球公园有着“混血”基因——智能足球的硬件与技术是由我国携手荷兰共同开发的，采用了荷兰荷甲俱乐部的特训技术，社区智慧康体的功能模块则是由我国携手芬兰一起研发的。

以 15 分钟的出行时间为辐射半径，让附近的居民可以在家门口就享受足球这项运动的魅力与乐趣，WePark 玩湃社区智能足球公园为足球这项运动创造了一个全新的场景。

让快乐的足球进入社区，让市民能近距离感受智慧足球的魅力，这既是 WePark 玩湃社区足球公园的意义所在，也是一座城市朝着活力、健康迈出的坚定一步。

仅 6 米 × 8 米的智能足球场

锦城绿道
自行车高速路

风景绝美的自行车高速路，在湖与花海中前行。

北宋李公麟曾在《蜀川胜概图》中描绘了一幅自然山川与人文景观相互交融的胜景。900 多年之后，这幅山水田园人文画卷竟在锦城绿道自行车高速路上得以完美地呈现。

锦城绿道蜿蜒 200 公里。水润天府的锦绣画卷在此徐徐铺开。冬享暖阳、夏可遮阴，一条绿道串联起数个环城湿地公园。如果说，运动是城市流动的风景，那么在绿道上骑行，则一定是这道风景中最为优雅、诗意的一笔。

2019 年，锦城绿道一期自行车高速路正式竣工。24 公里的自行车高速路起于锦城湖，同时串联起了桂溪生态公园、江家艺苑、白鹭湾湿地、玉石湿地，最后在青龙湖“刹割”。

与其说它是自行车高速路，倒不如说它是公园城市中最漂亮的骑行走廊。为了让骑行者体验四时风景，自行车高速路沿途栽种了水杉、蓝花楹、三角梅……脚踩单车穿行其中，风景随季节更替，好一个心旷神怡。

除了以特色植物打造骑行景观，在这条自行车高速路上骑行，还将偶遇数座造型各异、设计感与美感兼具的桥。一座座桥梁蜿蜒穿梭于湖水之上，也让骑行又多了非同寻常的亲水体验。

择一个晴好的周末，从忙碌、高压的都市生活中抽离出来，脚踩单车，畅快呼吸，放松身心其实就是这么简单。

蜿蜒于湖水之上的桥梁，
让骑行多了非同寻常的亲水体验

文轩体育文化中心

融合各种业态，满足各类运动需求的国际标准场馆。

这里原本是一片老旧的厂房——四川新华彩色印务有限公司，如今，五彩斑斓的颜色爬上厂房的外立面，而厂房内部则变身成为全省最大的体育文化综合体。

足球、篮球、羽毛球、乒乓球、搏击、攀岩……来到文轩体育文化中心，好像无论多么“刁钻”的运动需求都能被满足。更为难得的是，这里还有西南地区唯一一个室内冲浪馆和一座符合国际冰联标准的现代化真冰场。

人们喜欢冲浪，除了能体验驰骋在浪上的快感，还因为在一次次与浪花搏击的过程中，可以获得成就感，忘却烦恼。

除了冲浪，中心还有一个 1500 平方米的亚洲唯一视窗游泳馆，潜入水中，如一尾鱼在水中自由游弋，视窗外，则是你灵动的身姿。

中心还融合了各种各样的业态，咖啡馆、书吧、餐厅、桌游吧应有尽有。

今天选择用哪种方式燃烧卡路里？如果还没想好，不妨即刻出发前往文轩体育文化中心，总有一种运动能拽住你的身体，让你动起来。

| 西南地区唯一室内冲浪馆

天府鹿溪智谷国际网球公园

建在公园里的网球场，在大自然中享受运动的酣畅淋漓！

天府新区——“公园城市”的首提地和示范区。河流、绿道全境贯穿，大大小小的生态公园和城市公园星罗棋布。天府鹿溪智谷国际网球公园，正是其中之一。

公园占地 100 亩，球场总面积 12000 平方米，共有 8 个室外场地和 2 个室内场地。被绿茵和树林环绕，在一大片葱茏之中的球场散发着新鲜与活力。

天府鹿溪智谷国际网球公园已承办了全国青少年网球积分排名系列赛、NIKE 杯等各类赛事 10 余场。为了让更多人认识并爱上网球这项运动，公园还打造了青少年训练营，成为国家少年网球预备队的重要种子库。

当城市与公园相遇，当公园与网球相遇，每一次挥拍，都是极致的运动体验！

天府鹿溪智谷国际网球公园内的集装箱服务区

TPS 弓箭手营地射箭主题生活馆

够酷够有架势，英姿飒爽的运动方式。

拉弓气势如虹，离弦百步穿杨。要说哪样运动看起来够酷够有架势，射箭一定榜上有名。

TPS 弓箭手营地射箭主题生活馆是目前成都市室内面积最大、设施设备最全的综合性射箭运动生活馆。

馆内有 30 米、18 米通用高级箭道 12 条，同时设有初学者射箭体验区，儿童、亲子家庭射箭体验区，休闲桌球体验区，综合休息区等综合功能性分区。

射箭，讲究稳、准、狠，是一项需要极强专注力的运动。作为都市射箭运动的先行者与布道者，TPS 弓箭手营地射箭主题生活馆以推广射箭运动为初心，同时致力于结合都市健身与体育文化旅游综合服务，旗下拥有“无争杯传统射艺大赛”“无争攻防箭挑战赛”等多项赛事品牌。

在这里，你能体验到竞技反曲弓、竞技复合弓、竞技光弓、传统弓等各类弓种的射箭运动服务。

弓开如满月，箭去似流星。如果想选择一种英姿飒爽的运动方式，射箭一定适合你。

TPS 弓箭手营地射箭主题生活馆
提供各类弓种的射箭运动服务

成都融创文旅城雪世界

超顶级雪道配置，专业级的滑雪胜地，“全龄段、全年度、全天候”的世界级冰雪乐园。

说起都江堰，成都人一定不陌生，但要是提起这座“成都市民的后花园”新鲜出炉的“冰雪秘境”，成都人十有八九还没去过。这座“冰雪秘境”，就是成都融创文旅城雪世界。

融创文旅城雪世界总建筑面积达 8.08 万平方米，相当于 12 个足球场，是全球最大的室内滑雪场之一，全天最多可接待 5000 人滑雪。2020 年 6 月 30 日，雪世界开始试营业。

这里有 6 条不同等级的雪道和两个地形公园，从初学者到发烧友的滑雪需求都能满足。雪道总长度 1200 米，最大落差 60 米，最大坡度 21 度。

雪世界里的温度常年保持在零下 3 度。除了滑雪，这里还引入了冰上碰碰车、雪地魔力转转等冰雪娱乐项目，满足各年龄段的娱雪需求。

据了解，雪世界还将开设专业滑雪学校，举办世界级滑雪赛事，全面助力国家冰雪运动发展，为中国家庭创造一个真冰真雪，四季恒温，“全龄段、全年度、全天候”的世界级冰雪乐园。

不同等级的雪道和两个地形公园，
能满足各种滑雪需求

头道沟户外运动公园

成都最“野”的户外运动公园，全地形越野体验，畅享速度与激情！

郝云在《活着》这首歌中唱出了许多都市人的无奈：“我那可怜的吉普车，很久没爬山也没过河……”然而如果身在成都，这样的“烦恼”却能在双流机场旁的头道沟户外运动公园一扫而光。

头道沟户外运动公园毗邻空港花田景区，距离双流国际机场仅 6 公里，是离成都市区最近的一个户外运动公园。

说它是成都最“野”的公园也毫不为过。公园拥有一个全地形车训练营。全地形车训练营是什么概念呢？无论是草地、丛林，还是波浪路、过水路、乱石阵……你能想到的户外越野地形，在这里都可以体验到。

除了各式各样的卡丁车，头道沟户外运动公园里还有各类越野车、摩托车、房车。跟随座驾在凹凸不平的路面上一路疾驰，一圈下来，身体释放了多巴胺不说，烦恼与压力也被抛在身后。

因为离机场近，来这儿还有一项“隐藏福利”——可以近距离看到飞机起降。此外，公园里还配套了餐厅、酒吧、房车体验营地、帐篷营地、儿童乐园等服务设施。

除了空港之星全地形车训练营和里昂 · 国际越野摩托车训练营，园区内还有一个牧马乐园马术俱乐部，能进行马术体验、野外骑乘、打马球、射箭等户外运动。

据说，热爱越野的人，都热爱自由。挑战山川也好，征服高原荒野也罢，其实都是为了在大自然中完成冒险与挑战后，更畅快恣意地爱生活、爱人生。如果你也一样，那么不妨来头道沟，感受越野带给你的豪迈与激情。

越野摩托车

成都金马湖马会

国际顶级马术速度赛事迪拜国际杯赛全球指定分站之一。

成都市温江区金马河河畔，有一幢幢红房子，时不时，还会传来一声声马儿的嘶鸣，这里便是成都金马湖马会所在地。

金马湖马会总占地面积达 1200 余亩，拥有 5200 米越野障碍赛道，2200 米草坪速度赛道，场地基础设施及硬件条件十分出众。也因此，国际顶级马术速度赛事迪拜国际杯赛把这里作为了全球指定分站之一。

起步、慢跑、奔腾，卷起的气流扫过骑手的眉梢……只要你看过一次马术表演或速度赛马，就一定会为这项集优雅、健身和益智于一体的“绅士运动”所着迷。

近年来，各项马术赛事不断落地成都。仅 2019 年，成都就举办了 10 余场专业马术赛事，首超北京，居全国第一，这也使得越来越多的骑手走进成都爱马人士的视线。

从驭马慢走到骑马奔腾，对于人和马来讲，其实都是一次挑战。而对于骑在马背上的骑手来说，马术的魅力其实是在运动中找到心中的归属感和回归本质的自然感。

进行中的马术速度赛事

点评官·有态度

李晶

成都体育记者协会副主席

20世纪八九十年代，我在还叫东城区、如今更名锦江区的狮子山一带读书、生活。对中小学生的我来说，那个时候哪有什么“最燃运动空间”的概念，那时的运动空间一般都叫“操坝”。

比如川师附小硬邦邦的水泥地叫“小操坝”。到了周末的晚上是大学生们跳舞、看坝坝电影的场所，平时则是小学生们上体育课的运动场、摆两块砖头当球门的足球场。

再比如川师带有跑道的操场叫“大操坝”。足球场同时挤着上百人混战，篮球场也如同下饺子，跑道之外的草丛则是大学生情侣们卿卿我我的“隐秘的角落”。

川师附中的校门之外有几家台球室，那个时候还没听过丁俊晖，家长、老师们或许不会认同那里是运动空间，因为混迹其间的大多是游手好闲的“街娃”“飞妹”。我当时去过再远一点的运动空间是太平寺机场，学校的航模兴趣班每隔几个周末都会去那里放飞梦想。

30多年过去了，YOU成都如今推荐的运动空间早已超出了传统的足篮排乒羽等范畴。骑马、滑雪、射箭、绿道健身等新兴、时尚运动空间榜上有名。

体育既是国家强盛的应有之义，也是人民健康幸福生活的重要组成部分。成都11次蝉联“中国最具幸福感城市”榜首，体育功在其中。

如此坚持下去，再多一些更燃、更便捷、更智慧的运动空间，再多一些更爱体育、更懂体育的成都人，那么把成都建设成为体育健身蔚然成风的世界赛事名城的目标指日可待。

理想之道的新起点

2020 成都最有排面的绿道潮玩地

绿

小道、单车、远山、晚风
晴空、鸣蝉、落霞、归鸟
生活是一场又一场对美好事物的追逐

在成都平原绿色的天地间，人们让青城山中喧嚷的精灵闲庭信步，让岷江血管里奔腾的自然伟力变得温柔，让太阳神鸟高飞于天……在天府之国悠远的时间里，人们始终耐心描摹着这幅广阔的青绿画卷。

自然之道，四时运行。绿色之道，不仅有生态价值之“绿”，更有人文价值之“道”。安住于每一道绿色的褶皱中，人们洒扫进退，勤勉如春蚕，闲逸似神仙。

“都人士女，袨服靓妆”“倾城皆出，锦绣夹道”，于散花楼登高、武侯祠怀古、太古里散步、宽窄巷漫游，或至青羊宫寻一枝梅、浣花溪闻一缕香……

人们依循自然之道，在青绿山水中乐游，更让这里变成都会喧然、山川一新的居所，好让无数征人游子亦找到内心的平和：放翁“裘马清狂锦水滨，最繁华地作闲人”，少陵更问：“微躯此外更何求？”

千百年来，人们总是兴致勃勃，从不曾把这片沃野上的胜景辜负，更在这胜景之上，遍植永续的绿色，和勇立潮头的精神。站在这理想之道的新起点，来自古蜀的山水，也不断更新自己的面目：在锦城的云乐、繁花与锦绣之中，一个个历史的，和不断更新的坐标，以绿道、公园、湖泊和江河为身体，楔入成都平原活泼泼的绿心，成为当下成都献出的最有排面的潮玩地，并在成都递给世界的名片上，拓印出“公园城市”的新姓名。

龙泉山城市森林公园丹景台

绿心之核，城市之眼。

在成都平原东侧，以延绵山势将两江破开的龙泉山脉已屹立千万年。

2020 年，在龙泉山脉蛰伏许久的龙泉山城市森林公园丹景台，缓缓睁开了“城市之眼”。

高低起伏，延绵千里，总面积约 1275 平方公里的龙泉山城市森林公园，正在成为跳动着的城市绿心。

而身处“绿心之核”的丹景台，也在以“城市之眼”，于绿意包裹中凝望城市之变，成为城市观察新地标。

以亮眼的橙色外观为身体，螺旋而上的丹景台俯瞰如同一只神采闪动的眼睛，镶入中心的，是太阳神鸟金色的身影。

丹景台上，太阳神鸟展翅欲飞，丹景台下的成都亦然。

702 米的海拔赋予丹景台极佳的观望视野，立于上，视野辽远。以龙泉山苍茫的绿色为背景，向后看，龙泉山城市森林公园、聚峰谷、我的田园等未来“网红打卡点”正在成型；向前看，天府国际机场、天府奥体城、三岔湖等新地标尽收眼底。

在山脉之巅，“城市之眼”丹景台让每一个登临此地的人，有机会瞭望静卧脚底的家园，见证成都城市格局的千年之变。

以橙色外观为身体，丹景台俯瞰如同一只神采闪动的眼睛

江家艺苑

江家艺苑用融贯东西的设计，勾勒出自然与艺术的完美拼图。

东接江家菜地，南靠绕城高速，西连高威公园，北接锦江大道，占地面积约142公顷的江家艺苑述说着天府绿道赠予这座城市的闲适之礼。

以大气舒朗的大地景观造景手法，撷取时尚艺术元素，在江家艺苑，除了目之所及的绿草、湖水与花海，你还能领略深厚的中华文化底蕴，触摸源自西方建筑与艺术的匠人之心。

园子里，北宋画家黄休复《益州名画录》的“逸、神、妙、能”四格理论形成了闲逸、凝神、墨妙、品能四大创意湖群的湖畔；宋代名画《荷香清夏图》散落在林盘聚落之间绘制出绝妙意境，明代名作《朱樱径》则在皮划艇的勾勒下，呈现出“天镜长堤树无影，清风拥水画中游”的美景。

同样，以自然教育和艺术审美体验为主题的“K12 主题公园”，则以西班牙建筑师高迪的方式，为孩子、为亲子家庭打造了一个色彩纷呈的世界。

在这座“太阳奇幻乐园”之内，你可以在色彩鲜明的马赛克瓷砖中与西班牙建筑师高迪相遇，也能在“太阳神鸟”图腾中邂逅三千年的金沙文明。

江家艺苑以田园为纸，以草木为绘，以池渊为墨，组合浅丘、森林、田园、湖泊、池塘、花海等景观，充分融合了时尚、艺术与文化等元素，在绿道建筑中描摹出“创新创造、优雅时尚、乐观包容、友善公益”的天府文化，承托起成都人对绿色的期待与对生活的热爱。

江家艺苑诉说着天府绿道赠予这座城市的闲适之礼

成都露天音乐公园

以气势恢宏的身躯与一场场音乐飨宴为载体，成都露天音乐公园正载着这座“爱乐之城”向高处腾飞。

在两千多年的城市发展史里，成都孕育出了光辉灿烂的音乐艺术。从杜甫诗中的“喧然名都会”到回荡在全国街巷的《成都》，这座城市长久地葆有着音乐的丰富与华美。

音乐的奏响离不开空间的载体，作为成都的音乐新地标，成都露天音乐公园的驻扎与开放为这座“爱乐之城”再添一处支撑。

在城北凤凰山的凝视下，坐落于此的成都露天音乐公园为热爱音乐的人们搭建起广阔的舞台。从空中俯瞰，以西南角翘首挺立的主舞台为凤凰之首，整座公园恰似一只凤凰展翼高飞。

除了可容纳上万人的大型剧场，成都露天音乐公园中还有 5 个小剧场。这些小剧场以石、森、风、水、琴为主题，以森林、坡地等自然元素间隔，将舞台布局与自然走势完美融合。

音乐之外，成都露天音乐公园中还有足球场、房车营地、儿童乐园、宠物乐园和极限运动场地等，这些空间的搭建立足休闲，满足着人们游乐与放松的需求。

在公园优美的基底之上，露天小剧场、音乐长廊、文化雕塑广场、时尚创意园等多元功能次第出现，不论是沉浸于亲子关系的家庭、希求着休闲的上班族，还是不远万里而来的旅客，都能够在这无限的可能中，与音乐相遇。

成都露天音乐公园的落地，为这座“爱乐之城”再添一处支撑

智谷绿道

一切“智慧技术”的根本其实都是对人的关照，以智谷绿道为缩影，一张更绿色、更便民的城市图景正在缓缓展开。

随着美丽宜居公园城市建设的推进，一条条绿道正裹挟着这座具有 4500 年历史文化的老城，扎根生长，层层蔓延。

但绿道之姿绝非千篇一律，每条绿道都有着自己的个性与侧面。对智谷绿道来说，“智慧”便是让它脱颖而出的关键词。

沿着鹿溪河滨水而下，智谷绿道在鹿溪智谷创新带延伸了 115 公里。

在生态上，智谷绿道依山傍水，刻画出“山水林田路湖”相融的和谐之景；在文化上，绿道保留了林盘院落、古桥河道等景观，再现地道川西水生态文化；在功能上，绿道全线覆盖健身设施、运动公园、服务场景和创意空间，让运动与休闲的方式更趋多元。

以生态、文化与休闲运动为底色，智谷绿道还开创出了一片“智慧”的风景。

智谷绿道不仅在管理上实现了联网与智能，行走在绿道上，你还可以走进人机智能互动游戏的全新游戏场景，感受绿道上“人机语音交互”功能的新奇，体验全覆盖 Wi-Fi 的便利……在智谷绿道，闪烁智慧与创新光芒的各种科技已经融入葱郁绿意之间，处处可见，触手可及。

智谷绿道依山傍水，刻画出“山水林田路湖”相融的和谐之景

兴隆湖

兴隆湖用生态点亮城市，讲述着城与湖相生相长的故事。

沿着笔直宽阔的天府大道一路向南，从熙熙攘攘的市中心穿行至高楼林立的天府新区，最后将目光落定在一片 5100 亩的浩渺湖面——这就是兴隆湖。

兴隆湖有着天府新区“生态之肾”的美誉，岷江水在鹿溪河的牵引下奔流至此，汇聚成湖，输送着湿润的空气与远到的风，满足着扎根平原的人们对水波的热望。

湖光温柔、水色潋滟，绿色的湖岸线望不到边，上百种植物的芬芳在呼吸间弥散，冬日成百上千的候鸟划过湖面……春夏秋冬，兴隆湖一步一景。

湖边，散步的老人、运动的青年、玩闹的孩童、观光的游客往来不息，与湖光山色一同绘就成一幅城市与自然相亲相依的画卷。

与此同时，兴隆湖的环湖景观带和环湖步道正在成为众多重大赛事活动的聚集地：UA RACE10 公里竞速、The Color Run、全国健身达人赛、国际半程马拉松……兴隆湖将愈来愈多的成都风物传播到全国，甚至全世界。

作为成都境内最大的人造湖，兴隆湖以最自然的姿态嵌入了成都人的生活轨迹，它收纳着公园城市的风光和气质，书写着人们的诗意栖居，在一个个清晨或黄昏，让无数成都人一读再读。

兴隆湖边游人往来不息，
与湖光山色一同绘就成怡人画卷

熊猫绿道

当熊猫绿道向往来的人们传播熊猫形象，天府文化的意蕴也在这个绿色空间中得到另一种书写。

在成都，全长 1.69 万公里的“天府绿道”正在编织成网，一条条生长蔓延的绿道如同跳跃的脉搏，为这座公园城市注入运动的活力。

作为全国首条主题绿道，沿三环路两侧铺展开的熊猫绿道让圆滚滚的国宝们走出动物园，现身于城市的一个个绿色空间。

在这里，你会与 19 个景观节点小游园不期而遇：熊猫迷宫乐园“林踪迷境”主题，可以观看熊猫故事的“欢乐剧场”主题，有着巨型钢铁侠熊猫的“智能机甲”主题，展现中式园林特色的“汉唐风韵”主题……每一个都亮点突出、个性鲜明。

此外，遍布于绿道上的服务站，以及儿童游戏场地、熊猫羽毛球场、熊猫篮球场、熊猫慢跑步道等 102 处健身空间的设立，也在最大限度实现服务功能的同时，为周边的人们搭建起全民运动新场景。

绿道既是串联地理区域的线索，也是存储记忆与历史的文化空间。

通过熊猫这张四川名片，熊猫绿道向途经的人们所传递出的“和谐、快乐、包容、善良”等精神内涵，也是对天府文化的精彩阐释。

作为全国首条主题绿道，
熊猫绿道让国宝们现身于城市的绿色空间

凤凰湖生态湿地旅游度假区

穿梭于凤凰湖畔清幽的林间，我们看到的是一座开放式城市湿地公园，更是一张寄放在绝妙景观中的城市名片。

成都，因水而起，因水而兴。水的广博包容镌刻在天府之国的文脉中，水的清明朗润也为蜀地的人们带来涤荡心灵的净土。

“云影挽舟天上坐，鸪声留客梦中听”，这是流沙河笔下的凤凰湖。以浩渺的湖面将成都人的恋水情结承接，凤凰湖生态湿地旅游度假区的森林花海、湖影碧波已经浸润成都十年。

占地 2000 余亩的凤凰湖生态湿地旅游度假区内，林木茂美、烟水迷蒙。

广阔的水域，1.5 万余株樱花树、8 万余株园林树种，以及其他丰富多样的动植物共同构建起一片微缩的森林，在不同的季节里，向络绎往来的人们展示着色彩斑斓的湿地画卷。

作为生态湿地公园，凤凰湖演奏着林、溪、湖的交响曲，描绘出“城市与湿地、人与自然、东方与西方、现代与传统”交相辉映的绮丽景观。

同时，凤凰湖生态湿地旅游度假区与城市生态绿道、绿地有机串联，搭建起供人们放松娱乐的场所，勾勒出城市中的理想桃源。

与此同时，这里还打造和承办了樱花节、菊花节、郁金香展等活动，吸引着来自四海八方的游客，展示着成都这片土地上的花开成海，天上人间。

凤凰湖的樱花与绿道交织，
勾勒出斑斓的湿地画卷

天府国际慢城旅游景区

在城市生活的快节奏里，天府国际慢城旅游景区保留着一段散落在田园乡愁中的慢节拍。

在日常汹涌的波涛中漂流，城市中的人们总是对平缓的“慢生活”充满向往。

在成都，天府国际慢城旅游景区就是那艘停泊在城市的绿野方舟，满载着自然风光与民俗风情，迎接人们闲散下来的脚步。

扎根于有“蜀中之蜀”美誉的崇州，天府国际慢城 AAAA 旅游景区通过桤木河湿地旅游带、五星原乡民俗体验区和风吹稻花田园慢享区，雕锻出这片远离城市的乌托邦。

这里既有湿地水系、岛状林盘和丰饶田园，也有综合建筑、酒店民宿和广场公园。

一头扎进天地之间的沃野，目之所及都是湖光稻田，耳之所闻都是蝉鸣风声，在林立高楼中模糊了的自然声色在这座慢城中变得生动而具体。

于是一场场会展、演艺与婚庆在这里落地，一次次放松身体、重启心灵的旅途在这里开启。

在“慢”下来的生活状态、“漫”起来的生活情调、“蔓”延着的田园乡愁里，天府国际慢城向每一个希冀放松呼吸、放慢脚步的人张开双臂，无比真诚。

天府国际慢城满载着自然风光与民俗风情，迎接人们慢下的脚步

交子公园

作为城市核心商务区的现代化生态艺术公园，交子公园以生态为底，以金融文化为依，一展公园城市新风采。

千年前，交子作为中国历史上最早的纸币诞生于蜀地，为彼时的商品流通搭建起了更高效、便捷的桥梁；千年后，在成都的经济腹地金融城，以交子命名的交子公园正在成为人与自然的桥梁。

西连天府大道，东临科华南路，横越锦江中轴线，对望天府国际金融中心，交子公园在成都公园地图上的浮现，让自然的画笔延伸至高楼包裹下的城市商业画布，留下了饱蘸绿色生机与活力的一笔。

作为“城市核心商务区的现代化生态艺术公园”，交子公园实现了身处楼宇灯火中的人们对于“推窗见绿、开门进园”的渴望，并与人们的日常无缝衔接：人行景观桥、慢行跑道、智慧运动器材，以及交子金融博物馆、交子艺术中心等器材与场景的打造，让这里既是儿童乐园、运动天堂，亦是观景平台、文化广场。

交子公园不仅是人们拥抱绿色生活的基石，也是文化与艺术的载体。

在交子公园，交子艺术中心将承托起成都人的文化艺术生活，而在交子博物馆中，人们则可以触摸成都金融文化古今交错的掌纹，见证成都金融货币的过去、现在与未来。

在自然中生长，在城市中更新，交子公园作为扎根于繁华之地的一片绿洲，激活了城南的生态艺术空间，打造了一道公园与城市有机融合的风景线。

在交子博物馆中，人们可以触摸成都金融文化古今交错的掌纹

交子公园实现了人们对于“推窗见绿、开门进园”的渴望

桂溪生态公园

桂溪生态公园搭建起成都人转身即可拥抱的后花园，让城市通往绿地的道路重新被打开。

将自然脉搏的跳动，引入城市管弦繁奏之中的不仅有交子公园，与交子公园相距三公里，桂溪生态公园已于环球中心对岸闹中取静，时近五年。

作为“成都的中央公园”，桂溪生态公园以近似长方形的大片绿地，携新会展与环球中心于两角，贯天府大道于中心，围成了一片安卧其中的自然田园——虽无鸡犬相闻，却有草长莺飞、落英缤纷。

在这里，季相分明的花海、四季尽染的层林与波光粼粼的水面连缀成自然博物馆，撷清晨之朝露，取落日之余晖，让每一个走入其中的都市人都能洗去浮躁疲惫，步履所至皆为天地之盛筵。

同时，如锦绣云彩飘扬在城市中轴线上的“锦云桥”，来自波兰罗兹市的“友谊环”雕塑等景观，以及自动售卖机、便利店、运动休息站等设施的完善，更突出桂溪生态公园立于城市坐标上的现代化与设计感。

值得一提的是，桂溪生态公园不仅有如画风光，而且在设计上践行了“海绵城市”的理念，通过透水砖、渗透井等调蓄设施，以及生态自然的驳岸作法的运用，实现了景观功能与生态功能的兼收并蓄。

与此同时，生活节、音乐会、潮流集市及运动赛事等主题活动的铺开，也让我们愈发期待在桂溪生态公园这个绿色魔方上，见证人与自然拼接出更多维度的精彩。

桂溪生态公园被称为“成都的中央公园”

点评官·有态度

康瑛

成都天府绿道建设投资有限公司董事长

宋代的巨型长卷《蜀川胜概图》向我们描绘了古代川渝两地跨越千里的山岳、河流、城池风貌；而 1.69 万公里天府绿道的建设，将极力重现长卷所绘的浓墨重彩的成都区域之绿色盛景。

成都想要再现给世人的，是可进入、可感知、可参与、可消费的现代城市生活场景。

丹尼尔·西尔和特里·克拉克在《场景》一书中写道：工业时代的学者们更多地把城市看作具有生产意义的地点，而后工业时代的学者们可能更多地把城市看作具有美学意义的地点， 涉及消费、体验、符号、价值观与生活方式等文化内涵。与生产意义相对应的更多的是工业园区，与文化意义对应的更多的是空间体验。

未来城市的典范场景， 将是生态、 生产、生活的完美结合：你要想工作，一步跨出去，你就进入写字楼了；你要想生活，一步跨进来，就是一个大公园。

天府绿道的建设，正在为这样既有生态价值，又有生活消费场景的未来城市而努力。

此次入选“绿道潮玩地”的点位，正是近年来天府绿道建设的缩影。这些点位让我们身处城市，就看得见山，望得见水，记得住乡愁。

绿道，将不断重新定义我们每个人的生活。

发文扬采

转代无穷

2020 成都最开脑洞的产业园区

聚集

不是胆小哦
是聪明和勤奋，自顾自
聚沙成塔

当先民在都广之野，种下第一粒稻谷，烧制第一个土陶，筑起第一面城垣，城市最初的模样，便从田野里长出来。耕作、种植、收割、祭祀，先民品尝收获的甘美，体察协作的力量，累代的经验，物性的探索，融合的厚度，释放的创造力，搓揉成文明的金线，将稻田、陶土、文字、青铜戈、太阳神鸟缝纫穿缀，铺陈耀世光辉。

鳖灵决玉垒山，开金堂峡；李太守开都江堰，穿二江于成都之中；文翁穿湔江口，泄水尾闾……超拔的想象，悍勇勤谨的力行，累世依水识水的技艺，交织成文明的奔浪，将万里泽国冲刷为远人仰慕的天府之国、陆海之地，与城市文明的培养皿与发生器。

在膏腴之地的肩胛深处，长出名为创造力的天府之翅，一粒稻米、一只蚕虫、一坨泥巴、一棵竹子、一片茶叶、一方麻纸、一颗花椒、一个语词、一个宫音，从无到有，从朴至臻，从技到艺，从即用之美到无用之用，幻化无数分身，发文扬采，转代无穷，连接起四方上下，天地众生。

这座城与她的民，携带着 4500 年的禀赋文脉，将当代成都滋养为灵光发生、生长、成果、享用、反哺的热带雨林。

一座座文创产业园区，有如雨林中的文化岛屿，在植被繁茂的多样生态中，以活跃的创意、花样的脑洞，挑衅固有的经验、知识，融合物与物的性态，穿越行业与行业之间的结界，为城市更新提供新的动力。

梵木创艺区

梵木的妙如同冰山尖角，让音乐人和受众愿意来生产、创造、体验并产生价值，而冰山之下的对人文艺术的尊重，对音乐产业的运作才是让其成立的支撑。

梵木的文艺脑洞，从踏进园区的第一步，就处处挑战观者的视觉与常识。

奇妙的动线，牵引着好奇心，贯通其间的精气神，把 7 万平方米的园区连缀成一个可见的艺术共同体。此处原是成都钢管厂，经过规划改造，迭代为新的创意园区。

作为“创意设计 + 音乐”双产业链园区，设计与音乐两大力量，形塑了梵木创艺区的独特气息。

设计师、艺术家殷九龙与意大利百年咖啡品牌 LA VAZZA 共同创立的咖啡品牌 White Paper Coffee 将咖啡品质追求融入梵木，Bloomy Cafe 善于在咖啡馆营造轻松的家庭氛围，冷峻到极点的 MOJOC，现代美学观念演绎东方美学精髓的梵木家居打样房……共同合奏了园区创意设计的韵律。

这里也是 172 亩的音乐梦田。

2000 人的 Live House 室内空间、5000 人室外声场已响彻过诸多音乐人的歌喉，摇晃过千百万人的手臂。大汗淋漓的 POGO，或 MOSH，或摇摆，或聆听……所有观音的姿态，此处皆可安放。

一流的音乐制作软 / 硬件、音乐人理想的创作环境，吸引了秘密行动、扎西尼玛、声音玩具、泰然阿修罗等优秀原创音乐人在园区成立工作室。

作为四川天府新区音乐产业基地，梵木创艺区拥有音乐产业全生态链的优势。吸引如草台回声、太合集团合音量 T 榜、成都力量等顶尖音乐厂牌与平台入驻园区。

在孕育初期，梵木创艺区就播下了一粒音乐生态系统的种子，一位音乐人，或一场演唱会，一张唱片都可在此落地生根、开花结果，进而演进衍生，滋养周边亦被周边滋养。

善于在咖啡馆营造轻松家庭氛围的 Bloomy Cafe

德必川报易园

德必川报易园的特别之处，在于为科创企业提供“热带雨林”式的生态圈，同时，也实践了老旧厂房改造文创园区所具有的兼容性与再生力。

毕昇路、金石路、墨香路、三色路、桦彩路……在这几条闪耀文明之光的道路上，聚集着以新华文轩、博瑞印务、四川日报为主的印刷产业集群。

随着纸媒的式微，印刷业亦日渐衰落，许多具有历史感、工业美学的建筑、厂矿，面临闲置或被拆掉的命运。2017 年，来自黄浦江的德必易园与川报联合，以创意办公为切口，改造川报老旧厂房，推进城市更新。

作为“产业社区 + 城市更新”的创意空间，易园打开院落围墙，优化街区形态，园区与社区，彼此开放连接。

作为“物理空间 + 精神家园”的文科创业空间，易园保留老印刷厂的工业遗风与媒体基因，同时，以超大空间建造庭院景观入户花园，幽幽小径竹林、层层退台，每走一步切换一景，让人与阳光、鲜氧、绿植亲密接触，为企业提供园林式舒放办公体验。

德必川报易园内入驻企业高度集聚，95% 为创意企业，目前集合了成都本地、上海、广东、深圳、北京，新加坡、英国、法国等创意企业，已构建出完整的创意产业链。2019 年，易园共举办社群活动 56 场，参与白领近 3000 人次，服务覆盖从生活到工作的方方面面，促成社群的集结与信息分享。

创意是转变现有领域为新领域的行为、构想与成果。德必川报易园通过园区与社区的连接，企业与企业的连接，企业与人的连接，拓展城市发展的创意维度，成为文创产业的城市橱窗，它所带来的触发效应，促使成都变身为高效与创意的典范。

易园建造庭院景观入户花园，让人与阳光、鲜氧、绿植亲密接触

明堂创意工作区

明堂的脑洞是双重的，第一重是将整个街区的活力与氛围作为产品来运营，第二重是“纽复合文化空间”多元化实践，所触发的簇群效应，这些复杂的长期的生态进化都如盐落汤，化为鲜美滋味。

明堂创意工作区诞生于千年少城的腹心街区——奎星楼街。大概是受奎星荫护，这条 420 米的小街，文运昌盛。

2013 年，于侃与合伙人带着澎湃之心，将奎星楼闲置多年的德式老楼群改造为功能美感兼具的文创区，自由开放的创作氛围，协作专业的服务平台，吸引了众多摄影、电影、音乐、设计等小微文创团队在此扎根，并联合起来，共享观点、智慧与资本。

作为去中心化的典范，明堂创意工作区从地理位置上分为 A 区及 B 区，位于奎星楼街一头一尾。

这种两端格局，框定了整条街的气质，有序极简的包豪斯风格，与鲜活生动的街道融为一体，在共生共荣中，社区流淌着平和舒缓的气息，包容和美成为 420 米长街的盐；幸福指数显现于此处的商业活力，持续接纳来自五湖四海的朝圣。

从生态分工来讲，明堂创意工作区由“纽复合文化空间”与“明堂创意”组成，前者聚集内容出品，后者营造社区氛围。“纽复合文化空间”由艺术现场、创意商店、纽咖啡、设计公寓、纽客教室、工作空间等多重复合构成，以新锐潮流的独立原创文化为核心，建构青年社群的独立原创新世界。

音乐、戏剧、影像、展览、沙龙……轮番在“纽复合文化空间”上演，每年活动 300 多场，入场观众 50000 余人次，成为成都 Live 演出量第一的艺术现场、最为活跃的艺文集聚地。

文创工作者的自觉清醒，社区与市民的接纳参与，两者合力，使得明堂呈现极为迷人的“文创 + 社区”，与成都画院、宽窄巷子、少城视井，交相呼应，连成一片，成为青羊文创硅谷耀眼之地、创意城市的动态名片。

“纽复合文化空间”，
成都 Live 演出量第一的艺术现场

少城视井文创产业园

慈文传媒、乐杜鹃、尖音坊等影视音乐企业的入驻，不仅壮大了少城视井的实力，也拓展了成都在影视领域的连接力。

如果说，少城的历史就是成都的文明史，那么少城的更新，也是成都文明史的更新，它必将在城市记忆里留下名字。

2018 年，东胜街 40 号大院围墙被拆除，向来神秘的四川电视台变身为开放新潮的少城视井文创产业园，与长顺街、宽窄巷子、泡桐树街、奎星楼等街道有机勾连，成为少城的活力景观，引来无数人打卡。

除开与社区街区的融合，少城视井文创产业园也是少城国际文创硅谷发展文博创意的载体。

正如我们所熟知，硅谷是知识经济的代名词，并一直以拥有高度创造性为荣。然而，创新与想象力并非存于真空，它根植于蓬勃的文化繁荣，所有伟大的变革中心，同时也拥有举世瞩目的艺术创造力。比如文艺复兴时期的意大利、美丽时代的巴黎和如今创新创意涌动的成都。

浸润于成都风起云涌的文创浪潮，凭借少城文化资源禀赋，少城视井文创产业园一开园就集结 50 家企业，引入制作过《花千骨》《老九门》《楚乔传》的泛娱乐巨头慈文传媒、大型户外电子音乐节品牌“乐杜鹃”、西南地区最大的录音棚场地尖音坊。

少城有戏，有剧场，有 LiveShow，有电音 Party，有影视基地，有集市，并以常态化音乐文创活动，传承音乐历史文化，助力建设国际音乐之都。

从四川电视台变身而来的
少城视井文创产业园，引来无数人打卡

成都西村创意产业园

西村大院是一座欢呼市井生活的城市纪念碑，建筑师对于西村的生长性，有着预言般的准确。

建筑是城市文化的表达者。

在贝森北路有一个公园般的超大庭院，占据了一整个城市街区，庭院外廓的建筑沿街建造，将庭院围合起来。

从街面远观，这座仅有24米高的灰色水泥建筑，顶多像个质感粗粝的商业综合体，有着强烈的未完成感。步入院落，沿着架空的跑道巡游至顶，或散步于院内竹林下，这座院落生动的城市生活质感才徐徐展开。

这就是出自建筑师刘家琨之手的西村大院。

从半空中俯瞰西村大院，大院有如微缩的四川盆地，“崇山峻岭”（沿街建筑）包围着一片完整、自足的平坦风景。

“盆地”的中央区域是灯光足球场——成都首批“示范性球场”之一，占地约5000平方米。球场由成都男神“李贝贝”（李伯清）所在的皇家贝里斯足球俱乐部主营。

宽阔的“盆地”周边，散落着大大小小形似林盘的院落，层层相套，延续着川西民居“依竹而居，伴竹而生”亲近自然的生活方式。

“盆地”边沿，一条架空的巨型跑道环绕大院并攀升至顶，与中庭球场相呼应，形成绝佳的立体运动空间，给散步、跑步和骑车的人们带来自由兴奋的体验，激活整座社区的动态能量。自建成以来，不断吸引来自全川乃至全国的跑团，先后举办了近20场专业跑步活动，成为城市最受欢迎的慢跑跑道之一。

沿街骨架式的功能空间构成了环绕盆地的“崇山峻岭”。自开院以来，各种文创空间、烘焙工作室、手作工坊、咖啡餐厅入驻，使得大院的外廓，逐渐生长成世俗热闹的“立体市井”。

大院的围合感、院内丰富的公共生活，使得大院有着“单位大院”的历史感，回应着人们对大院的怀念；自足丰富的市井立面、动态开放的内部空间、汇聚其上的生活状态，使它呈现出新型社区样貌，这种多重性使得西村大院有如一个透明的、开放的、会呼吸的、会生长的城市生活容器。

西村大院，出自建筑师刘家琨之手

| 西村大院有如一个开放的、会生长的城市生活容器

1906 创意工厂

1906 创意工厂拥有罕有稀缺的清末工业建筑，步入其中仔细观察，会看到一座洋务运动的建筑博物馆，也会看到产业转型之后注入其中的活力。

城市记忆在哪儿？在历史遗迹中。

作为洋务新政在四川的举措，白药厂建成于 1906 年，由德国格兰公司设计，专为四川机器总局提供火药，为了保密，取名白药厂。

白药厂的建筑为中西合璧式，坡瓦屋顶与青砖泄露了它的中式基因，装饰浮雕、欧式尖顶宣告了它的拿来主义；盛行于 20 世纪初的折衷主义风格，成为它的时代语言；当年国际化的历史样貌，则是它的刺青。

这群成都罕有的清末工业建筑，是成都经历洋务运动的物证，与厂区新建厂房一起书写了成都近现代工业文明。

城市更新在何处？在文脉涌动中。

如果说保护历史遗产是建筑生命的轮回，彰显着城市文化魅力，那么将“文创产业”植入建筑遗产，则是活化历史、复兴区域活力、更新城市的动力。这两点，成都做到了。

2019 年，白药厂旧址被列入成都市历史建筑保护名录。

而在更早的 2017 年，“1906 创意工厂”卸下戒备向公众开放，保留工业建筑遗产的精神，同时，被赋予新的功能，50 余家业态多元的小微文创企业入驻，为白药厂注入活力。

步入白药厂，仿佛置身万花筒，“师夷长技以制夷”的火光映射在三段式立面与壁柱之上，转个身，入选香奈儿成都地图的 M Studio 明黄矗立；穿过茂竹小巷，且慢生活邀你体验一张纸的时间味道；陶艺工作室的手工艺术家，忙于揭开陶瓷的物性；KU&FUN 用蹦床、攀岩、滑雪颠覆有关身体的日常想象；本森超跑俱乐部为派对、婚礼提供最拉风的跑车……

在 1906 创意工厂，历史遗产拥有了延续性和可读性，产业转向又让人能够触摸城市记忆与文化的沉积岩。

在 1906 创意工厂，M Studio 身披亮眼明黄

中国医学院整形外科医院·西南中心

成都正从“中国医美之都”向“全球医美之都”迈进，成都八大处等高端医美机构的引进与培育，有效满足了消费者对医美之都的期待。

前有孟昶游浣花溪的名场面为证：都人士女倾城游玩，珠翠绮罗，名花异香，馥郁森列。

后有民国民风为例：政府三令五申限制妇女烫头，成都时髦女性依然烫起花头，穿高跟鞋，吃茶看电影出入公共场合。

在这些时光镜像里，有着对物性与美感的追寻，也隐藏着身体自主意识的自觉。

在当代，文化基因中的尚美精神有了更多的释放与出口。健身强健体魄，医美改变颜值，业已成为新常态。小假割双眼皮、隆鼻，午休打玻尿酸、水光针，闺蜜相约做美白溶脂，母女同去微调面部轮廓……定期做医美已是民众的习惯。

正是这些爱美人士赋予了成都“医美之都”的雅号。

2019 年，成都八大处医疗美容医院在蓉开院，行业内外为之震动。这家来头不小的医美机构，是中国医学院整形外科医院·西南中心首个直属分院。

作为医美行业的学院派，中国医学科学院整形外科医院，建院 63 年，集医疗、教学、科研于一体，是中国唯一的三甲整形专科医院，同时也是中国整形行业的人才摇篮。

医美行业的在成都兴盛，除了体现人们对美丽的追求，还隐含着“我是我身体的主人”的内涵。自古以来，巴蜀儿女历来敏锐于此，在任何时代勇于解放身体的自主性，释放尚美乐美的感受，而这值得匹配优良的审美与科技加持。

中国医学院整形外科医院·西南中心，来头不小

峨影·1958
国际影视创意孵化园

从对自有遗产的承接与发挥中可以看出，峨影·1958处处散发着川人“乐为天下先”的精气神、不拘泥陈规的创新力。

“如梦如幻影，如露亦如电。”

1895年，卢米埃尔兄弟在咖啡馆放映世界上第一部电影——《火车进站》，见多识广的巴黎人被吓得惊慌失措，以为火车朝自己开来。

时隔8年，从日本游学归来的傅崇矩带回第一架幻灯式电影机，在成都公开放映电光戏。

成都这座城与电影的爱欲纠缠，由此开始。

而川人手持声光电的神笔，描绘世间万象，书写天马行空的想象，成为一代造梦者，要到1958年，峨眉电影厂的创立。

许多锐意进取的作品涌现：第一部本土电影《嘉陵江边》，突破新中国电影吻戏禁区的《不是为了爱情》，捧红葛优的《顽主》……

20世纪90年代，峨影经历体制改革，一时沉寂。阵痛之后，峨影厂参与制作了《让子弹飞》《观音山》等佳片，并以“峨影·1958”电影公园，重回大众视野。

规划设计由刘家琨操刀，以影城沉淀半个世纪的历史包浆为外，现代化影院为里。

20世纪60年代修建的老式小楼，也被完整保留，外部修旧如旧，内部改建为咖啡厅、高档餐厅、酒吧等多元消费场景，不留刀斧痕迹。

影城之内则处处闪耀着电影元素，整座影城变幻为一座“泛电影博物馆”。

影城的放映厅以院落式分散各处，由长廊连接，舒适通透；回廊深处的峨影·1958巴可激光厅，是全球最大单体激光巨幕厅，峨影引进的New Live in 成都——英国国家剧院现场，正式在此放映，全成都的戏剧迷也每周在此汇聚。

影城外，播放坝坝电影的开阔广场、郁郁葱葱的古树名木、古朴的川西庭院，迷漫着令人沉迷的气息，整座影院亦作为私密的公共空间藏于青羊区的肌理之中。

作为私密的公共空间，峨影藏于青羊区的肌理之中

成都国际非遗创意产业园

这颗蓝色星球有如此众多且微茫的文化技艺，已成孤品，或即将消失。诸多无法言尽的差异美和多元美，应有完整保护和被看见，这正是国际非遗创意产业园所致力的事业。

从进如群鞭飞扬，退如猛虎越岗的兰州太平鼓在 2007 年第一届成都国际非物质文化遗产节敲响第一声，不到两年，国际非物质文化遗产节便落地四川，定点成都，国际非遗博览园落户青羊，成为国际非遗节的永久载体。

应运而生的成都国际非遗创意产业园，以航母之姿，驶入非遗保护与发展、国际文化共荣共生的海洋，成为世界独有的非遗共享平台。

清和淡雅、流丽悠长的“百戏之师”昆曲、壮阔欢快的波罗的海歌舞庆典、精美装饰的扎非曼尼里的工艺木雕、打破阴阳隔绝的墨西哥亡灵节、传唱千年的民族史诗《格萨（斯）尔》……文明的结晶和全人类共同的财富，与灿烂的巴蜀文化，在非遗创意产业园交融，如同在命运交叉的城堡，休憩欢聚、交换底牌，倾听彼此的脉动，再奔向各自的新生。

在园区，成都绿舟博物馆展示着来自世界各国的有关文化遗产的实践、技艺、表演、工具等，让观者在对器物之美、技艺之美、匠心之美、文化之美的重新发现中享受美学生活。盛大的非遗节，让更多的人接触非遗、体验非遗，进而生发文化自觉与文化自信。2019 年开出的非遗副本——首届 FUNNY ICH 嘉年华，邀请多位行业大咖以“趣”为活动核心，让观者享受文化魅力，沉浸在灵感迸发的喜悦之中。

成都国际非遗创意产业园展示着来自世界各国的非遗之美

天府农业博览园

天府农业博览园正尝试用农业 4.0 的视野与手段去重建新时代的归园田居，农博园背后城乡发展的思考令人惊喜。

自古，成都城镇就是从平畴田野里长出，城市则是有城垣的乡村。这个来自历史的启示，在万物互联的时代，成为成都打破城乡二元分割的可能性。

这份美好愿景并非凌空蹈虚，就在成都，就在此时，它以天府农业博览园的形态，落实城市公园化、农业公园化与田园盛宴的永续保护。

天府农博园位于成都市新津区，包括兴义农博、安西鱼博、宝墩文博 3 个巨大的城乡融合发展板块。

兴义农博地处都江堰灌区腹地，自古即是"土地肥美，有江水沃野、山林、竹木、疏食、果实之饶"的理想农业区域。"岷江水润、蜀风雅韵、茂林修竹、美田弥望"描绘的正是安西鱼博的美景。

宝墩文博是宝墩文化遗址所在，这里是成都平原的农业文明与城市文明的原点。古蜀先民在此与水患相搏，淘挖泥沙，疏浚淤塞，在水系之间的鱼脊形高地上耕种养殖，聚落成村。

在新津，在宝墩文化遗址，在通济堰，在都江堰灌区腹地的天府农业博览园，人与自然的和谐共生，触手可及。

天府农博园包括兴义农博、安西鱼博、宝墩文博 3 大城乡融合发展版块

点评官·有态度

蔡尚伟

四川大学文化产业研究中心主任

赵雷在那首红遍大江南北的歌里，把成都说成“小城”，让不少成都人意难平。其实，如果这个“小”，说的是温婉细腻的“成都范儿”，是“道心惟微，文心惟微”之“微”之“小”，倒正说明成都天生就是文化城，难改其文化命！而这，又何尝不是一件好事！

成都，没有全国政治中心那种气势恢宏之“大”，没有国际经济重镇 GDP 之“大”，但一直不缺文脉偾张、奇文异彩的精神格局之“大”，经典涌现、名家辈出的文气贯通之“大”！太阳神鸟、蜀锦蜀绣、司马相如、扬雄、严君平、张道陵、诸葛亮、杜甫、薛涛、陆游、杨升庵、郭沫若、巴金、李宗吾、张大千……太多的人和事，把成都定格为资深的文化贵族；世界美食之都、功夫熊猫、王者荣耀、哪吒……又给成都戴上了文创名城的桂冠；一山连两翼，处处湖水起涟漪，又让更多的人把整个成都看作最适合安放心灵、潜心创意的未来“亚欧文创总部”大园区！

在这样的格局下，成都有太多国家级、省级、市级文创园区散布市内各方，各以其独特魅力集聚着人气、财气、文气，支撑着成都文创的丰满理想。

而我，也期待着更多的微园区，期待着身边的微园区——一家家创意餐饮店，一个个创意茶园，一座座创意微博物馆，一座座创意书院……融入我们的生活，融入市民的日常，融入每一个行业，小小的，美美的，多多的……把这个城市填满，把这个大大的文创园区变成美丽的精神家园，让远远近近的人向往、沉醉、迷恋、怀念……

这个梦，可以实现吗？

一场一镇 星星之火

2020成都最有味儿的小镇

起舞

什么远山湖畔
什么清润晚风
都在我们的后花园里了

“世界之人无有能想象其盛者”“未闻未见者，必不信其有之也”，出生于水城威尼斯商人世家的马可·波罗，面对成都锦江东流发出感叹之余，他一定和蜀地之人共同思索过：一年成聚，二年成邑，三年成都，在城市发育的路径中，角色关键的场镇，它们灿如星河之势，何以在蜀地成为可能？

成都，一座被水滋润的城市。蜀人从“逐水草而居”到稳定聚集于平原河岸，始终因水而成。尤其李冰父子凿离堆，设鱼嘴，分二江，成都平原的河流变得温柔和纵横。“上通山区峡谷，中串平原各州县，下续长江万里”造就“水程通海货，地利杂吴风”的繁盛。串联起杨柳河、羊马河、西河、南河等航运河道的新津码头，更是“船只栉比，帆樯如林，舟楫往来”。

蜀地小镇因山水物流商贸通瞿之便而肇始兴盛，挂上远航的帆，一方人士在交融中安居。近百年来，河流航运功能不可阻挡地弱化，但因对历史文化的传承，小镇风韵犹存，又随现代旅游业的兴起，千百年来名声依旧，显露卓尔不群的美感。

成都的一场一镇，和秦朝大城、唐代罗城、后蜀羊马城、清朝少城，皆为天府之国这块坦荡浩瀚的蜀锦上风姿万般、包容并蓄的纹饰，也是成都生活美学的星星之火。盛时，散布蜀地广袤原野的场镇数量早已远超 4000 个。

她不尽于平原河流交汇之处，也顺应山势，高低错落，起伏有致。其间，茅屋泥墙，青砖黛瓦纯真简单，房前栽花植树，田中植稻养鱼，菜畦搭架种豆，奏响成都人诗意栖居的圆舞曲。由点及面，平原城镇中形似青山的川西林盘，更是成都人美学想象力驰骋千百年来的神作。

成都人对城镇与民居风貌的构想远不止于此，继承中原宫室式民居的礼法规程，又毫不避讳、敢于开创新的布局。四川古镇之父季富政先生将其称为“合中原的型制，又糅以川中乡土情调”。

尤以近三百年间为最，各省移民融合于巴蜀，发扬光大北方廊坊式市街的商业人情味，又在城东富集客家的碉楼围屋。于同一场镇调和中西也并不鲜见。杂而有序的城镇风味，在成都更显得别开生面。成都人敢于开拓、奋发和包容的创造性精神，也始终为城镇在当下的更迭繁盛注入最强音。

大邑安仁古镇

安仁的连台好戏，始终让人如同身临其境。在城镇的更新、多姿中，安仁依旧传承的是“仁者安仁”的规训。

| 安仁中西兼容、新旧协调的能力，如同太极高手

27座保存完好的民国老公馆和37座现代博物馆被街巷写意勾连，800余万件藏品密布其间。随手拂过青砖老墙上的点点苔痕，不远处也许就是一件国家一级文物，隔着时空与你默默对视。

中国川西传统建筑风格和西洋教会建筑风格在此交相辉映。同样拥有中西交融美学风格的安仁中学，还能一窥百年前乡绅文化的影子。

安仁，这座中国唯一的“博物馆小镇”，她中西兼容、新旧协调的能力，如同太极高手。

树人街、裕民街等老街之上，灯笼纸伞、青砖画报、旗袍美人的风情万种清晰浮现。古老川西建筑中，最美书店方知书房又悄然诞生；民艺传习馆里，草木染、果酒酿造在木门掩映中进行，年轻人入手国潮，不胜欢喜。

加入中国首部实境体验剧《今时今日安仁》的风起云涌；又在由昔日公馆改造而成的民宿中舒躺，祈祷一场美梦；清晨，在“文博号”和“安仁号”小火车的当当声中温柔苏醒。

距刘文彩庄园仅一街之遥，中国最大的民间博物馆——建川博物馆聚落——值得再逛一天。安仁的宁静之下，也是心头热血泼洒出的红色家国传奇。

“隐奢”于安仁田坝，乡村酒店自带泳池；清源村老作坊酒厂飘过的不再只是三十载的酒香，她已集多种功能为一体，成长为“乡村客厅”。

褪去工业记忆的痕迹，宁良厂房因刘家琨的设计改造更加溢彩，随着安仁双年展的到来，现代艺术与民国风情得以完美邂逅。

发展与深化文博、文创、文旅，实现安仁新旧文化的交融与传承，持续推进安仁音乐、美食、艺术等特色产业，如今，安仁论坛已经成为中国城镇化产业最高规格论坛，蕴含川西百年时代底蕴的安仁，则被定为论坛永久举办地。

彭州白鹿镇

白鹿的中法风情之下，是成都人对多元文化边界的竭力探索，也是成都人对优雅洋盘事物，难以名状的好感。她混合后的美学，如天籁，天生让人沉醉。

彭州白鹿镇，这颗成都众多百年古镇中最具异域色彩的明珠，虽藏于龙门山脉之中，亦不能阻止她要惊艳于世。

她是流沙河心中“白鹿渺渺随仙惟古镇鹃啼依稀蜀韵，丹花盈盈语客有教堂诗唱仿佛欧风”，如梦的仙境；她也是如今105岁的社会人类学家伊莎白·柯鲁克幼时和家人避暑，挥之不去的纯真童年。

初次遇见，小镇建筑群的优雅便如惊鸿一瞥。背山面水，错落有致，红、蓝、白、绿四色相间的欧式别墅镶嵌于白鹿河岸。洋楼雕琢细腻的圆拱形花窗，门庭柱沿包罗哥特式和罗马式建筑的风格，白鹿镇中世纪法式建筑的风情得以几何倍数增加。

当以音乐的名义，“白鹿·法国古典音乐艺术节”多次奏响以莫扎特、门德尔松、弗兰克等为代表的法国古典音乐大师的乐章。这座成都版“爱乐之城”的小镇，青山秀水之间的纯正典雅乐音，也使得成都每一寸每一角音律美学的回甜味道愈加悠长。

如今，不用飞到欧洲，在白鹿镇也能收获画廊、咖啡馆、葡萄酒、香颂……构成的异域风月。更加弥足珍贵的是，1860年，法国传教士洪广化为白鹿带来的不全然是纯粹的法式浪漫，在具备国际血液的同时，白鹿镇仍留存大量本土古典气息。她是法式广场、街道、雕塑之下，明清古巷的清晰可辨；也是上书院建筑外部造型具有法国南部建筑的特征，内部屋盖的木梁架却是本地传统修造形式，是中和西的融合。

再一览始建于1893年双孔砖石结构的中法桥，百年银杏和“最牛教学楼”的并立，如回荡于白鹿幽谷的音律一般，始终让人有仰望星空般的感动。

白鹿·法国古典音乐艺术节

郫都三道堰镇

三道堰镇以多重创意、超值附加，展成都乡村旅游巨大潜力的鲲鹏之翅。

在福泽成都千年的都江堰，清明，人们于此放水，纪念；端午，在内江两大支流柏条河与徐堰河流淌过的三道堰镇，逮鸭子、赛龙舟，又一场与水有关的欢庆拉开大幕。

这座因望丛二帝在此设竹篓、建三道不同的堰头截水而得名的小镇，也因其导水灌田，造就一千多年来的富庶和名望。

在三道堰，你可见民居依河而筑，家家傍花随柳。烽火山墙高低有序，青瓦屋顶错落有致。吊脚楼、阅江楼、永定桥、堰桥、牌坊……沿柏条河铺成，皆为码头喧嚣和商贸鼎盛的注脚。

尤其堰桥的存在，遮风避雨，角色早已跳出桥梁要塞，是为城镇乡野中独一无可的公共空间。人与水共生，人与空间机敏相处的智慧，至今仍在三道堰镇延续。

沿河绿道穿林而过，几张桌子铺于林间空地，或享一碗清茶来场烧烤；或自带帐篷，赋闲半日；抬头，“飞跃丛林”的树上探险正在惊险进行；在溜索滑过柏条河之际，年轻的声音全都形成新的和弦。

飞架于徐堰河两侧，串联起三道堰境内约 7 公里的“空中绿道”，其长虹卧波之势，兼顾水源保护，更是成都，乃至全国绿道最为特别的美学创意之一。

而两河环绕的青杠树村，景村一体，泛舟香草湖，坐“火车”览油菜花，打卡网红粉黛子……以三道堰镇为目的地，来一场全家乡村旅游，早已成为成都人周末的生活方式。

人与水共生，人与空间机敏相处的智慧，至今仍在三道堰镇延续

都江堰诗歌音乐研学小镇

诗文、音律、林盘、国学……每一个词皆为一幅魏晋山水画，指向“采菊东篱下，悠然见南山”的田园生活。成都人对诗意的追求，千百年来，未曾减弱半分。

当“西控”区域成为成都“天府之国”“休闲之都”的生态本底，在“千年立城”的基础和永续发展的根本之际，如何振兴“西控”区域的城镇乡村，呈现成都特色的“乡村美学”风格？都江堰诗歌音乐研学小镇提供了另一种思路。

她是有300多年历史的“柳街薅秧歌”在发源地柳街镇邬家坝、七里坝的延续和传承。农人拿起竹竿，挽起裤脚，薅秧于田。当代代相传的原生态歌声响起，返璞归真的田园生活，人皆向往。

由心而生对自然生活大美诗意的歌颂，也使得李白、杜甫、苏东坡在成都田园中孕育而出的锦绣诗篇后继有承。

永久落户都江堰市柳街镇的中国田园诗歌节，多年来已经吸引舒婷、杨牧等“文艺新村民”，他们与本地“柳风诗社”一道，为引入艺术元素提供支撑。

她也是蜀地独有、古老川西林盘奏响的新纪元音乐，形式丰富、富于变幻。从堰香阁农庄的1.0到“猪圈咖啡”2.0，再到乡村农家乐3.0……具有中国古风的同时，又兼具当下的文艺腔调。

不局限于此，“一个川西林盘，就是一个文化场景，也就是一个田园综合体”。“茂林修竹”“沟渠环绕”的川西音乐林盘之间，水境音乐舞台、国乐小剧场等文化艺术展示平台，均使得天府文化的诗意、成都平原农耕文明的发展乘风破浪。

茂林修竹、沟渠环绕的川西音乐林盘

邛崃十方堂文创小镇

未来，多种文化产业集群还将在十方堂文创小镇集中呈现。璀璨当下，畅想未来，这将是艺术的都市、文化的秀场，和幸福生活的所在。

邛崃先民以才智开采天然气煮盐，集山中形如蒜子之石矿火炼成铁，顺南方丝绸之路将锦缎远销国外……以此造就临邛镇两千年来“江山如画，天府南来第一州”的兴盛。

又因司马相如和卓文君《凤求凰》的爱情故事，临邛闻名于世。她更璀璨于一盏陆游所念念不忘的、出自中国最古老民窑之一邛窑的省油灯，闪耀于杜诗“大邑烧瓷轻且坚，扣如哀玉锦城传”的盛赞。

在十方堂遗址，现存14座古老窑包，它们如同小山丘，绿树草丛掩盖不住邛窑作为中国彩绘瓷的发源地一如往日的光芒。如今，按照“一个遗址公园、三大文博产业”总体思路，深耕南方丝绸之路文化，凸显邛窑文化元素，十方堂文创小镇的畅想已经开始。

尊重邛崃文化脉络，承袭邛崃人文风情。建筑以“人”字形斜坡屋顶，融合极简白墙、黛瓦、玻璃、木质、水景等元素。十方堂文创小镇展示中心的虚与实，现代与古朴之间，尽显东方建筑的独特气韵。

在邛窑考古遗址公园，邛窑在千年历史中数次创新而出的“褐绿双彩”“邛三彩”等，汇同邛窑大师、国家级非遗大师的入驻，构成天府文化“创新创造、优雅时尚”昨天和今天的对话。

小镇火热建设中的邛窑博物馆，提取中国传统建筑的坡顶元素，将川西传统建筑的天井院落组织其间，将是成都打造世界文化名城的又一块基石。

十方堂文创小镇的畅想已经开始

崇州元通古镇

如何描绘一幅现代清明上河图？以旅游为核心要素，以旅居生活聚人气、产业导入促经济为主要手段，带动全地域经济增长的旅游产业新镇元通的新城镇思路，值得期待。

纵贯崇州全境的文井江，串联起怀远、崇阳等 11 个古镇，在点线中织就川西平原众多罗绮中的一匹。其中，文井江和味江、泊江交汇处的元通古镇，更是缀于绸缎上的那块羊脂美玉。

三江汇合的恢宏气势，和航运通达的百舸争流，皆为昔日元通商贾云集的序曲。“良田数万亩，烟火数千家”，沿江洋楼大宅鳞次栉比，又胜似外滩的璀璨，她无愧于“川西小成都”的美誉。

活的清明上河图，这是今人对元通古镇最高的赞誉。明清宅院，集中相连成片；青石古街，顺应河道格局。蜀人因势利导，顺天从地，与自然和谐于一体的美学精髓在此一以贯之。

或坐在夏家茶楼，垒七星灶，以铜壶煮三江水，冲泡半日茶香；或面朝广东会馆的戏台思索，川剧之美，是否因元通的熙来攘往，得以流传更广；或穿行于老街古巷，探访法国传教士在元通兴建的当铺，它穹顶高耸，拉丁文置门头，罗马柱立两侧，暗藏元通商业多样的秘密。

在元通，成都古镇民居生活传统风貌一如往昔般静好的同时，将元通打造成“公园城市乡村表达”典范的大招其实早已开始。

规划面积 26.96 平方公里，总投资规模超过 500 亿元的“熊猫古镇·理想新城”，在中景集团董事长、乌镇总设计师陈向宏眼中，将成为以熊猫夜游为亮点的全时段沉浸式熊猫 IP 旅游目的地，和第三代古镇旅游标杆型产品。

这样的“熊猫古镇 · 理想新城”，将是融成都历史文化、传统，汇成都传统与现代生活趣味，展成都新一轮城市发展生态共生理念的升级版的城市名片。

明清宅院，集中相连成片
青石古街，顺应河道格局

龙泉洛带古镇

成都以东的丘陵地带，正因明末清初这群客家人的迁入而开始变得和平原同样富庶。“华简俱成桑梓地，乡音无改，新增天府冠裳。”成都最早的“东进”，大抵始于此。

四川西部文献修复中心创建的古籍文献修复博物馆隐于洛带的屋宇间。来自五湖四海、平均年龄 36 岁的修复师，当他们怀着对古籍文献修复的使命感和热爱参与到这份工作时，神情庄重。

筚路蓝缕，以启山林；留存经典，福泽后人。

四百年来，客家人始终在回答“客从何来”疑问的同时，“时时为客”“处处为客”的历史际遇，和“以客自谓”的大度和豁达使得他们在成都扎根，并造就洛带明清客家建筑群 50 余万平方米，各类客家展馆祠堂 50 余个的蔚然大观。

小镇中无处不有客家气息，它是歇山顶、攒尖顶等客家民居的雅致，是广东会馆、川北会馆等客家会馆的错落，也是客家土楼桃花源般的隐藏世外。

洛带不仅仅是汉民族八大民系之一的客家民系在西南安居的乐园，它更是文化融合在成都开出的奇葩中的一朵。如会馆建筑，在传统供奉故地名神，“聚嘉会、襄义举、笃乡情”的功能之下，又演绎出蜀地特有茶馆的作用。

今天的洛带，博客小镇更是汇闽、徽、晋、川、海派等中国传统建筑风格于一镇。年画、泥塑、竹编、香包等非物质遗产组成的洛带民间艺术保护发展中心，也已深入洛带古镇土楼博物馆。

除近距离接触非物质文化遗产、观看非遗传人的精彩工艺表演外，亦可在客家美食街区品尝种类繁多的客家美食和来自天南海北的特色小吃，也可走进古典生活家具生活馆、画廊等文化艺术区，感受艺术文化魅力。

洛带古镇的围屋

蒲江西来古镇

西来如今的岁月静好，和时代之美，来源于我们对过往最本质的传承。不忘初心，善于前进。古镇一公里之外的成都战役纪念馆，有更多的答案。

褐色石板古路曲径通幽，明清建筑原汁原味，临溪古榕枝脉遒劲……西来这座自汉唐时期便商贾云集、距今已有 1700 多年的古镇，历史的韵味，因文风宝塔之前香炉几百年来如一的烟雾缭绕而达到极致。

这座三层之高，外加宝顶的文风宝塔，每一层皆有古典戏曲雕塑。其间少见地配以九曲篆文书写的诗文。自古文教礼仪之风盛行，因此得以行走于西来的墙垣间，始终安详自在。

当每一缕香烟升起，置身于文风街、鹤山书院，不禁让人畅想，是否能和于此讲学的宋代理学家魏了翁打个照面，来场时空对话。

诸葛丞相平定西川时，曾屯兵西来的故事仍在流传。战国船棺、汉代冶铁、西魏临溪城垣、唐宋茶马古道等历史遗迹在西来至今可寻。但同时，西来也开始焕发、纳新。

大小五面山浅丘的茶园，临溪河河水浇灌出蒲江雀舌的“味醇、形美”，也滋养出西来 6.4 万亩柑橘的香甜可口。包括丑柑、猕猴桃等，西来的特色农业年产值约 10 亿元。

当 50 多位来自全国十几个城市各年龄段的企业家和青年，在西来的那日生活乐园开始一场推动个体幸福和整体文明的筑梦之旅，为真正建设一个幸福家园而积极实践，这群西来的孩子值得被鼓励。

集文化、自然、艺术、科技、旅游、教育为一体，向人们传递幸福生活的理念，因为那日生活乐园这片田野的存在，西来镇口影壁之上《西来赋》中所说的“漫步市井，恍如隔世”因此有了新解释和新内涵。

临溪古榕枝脉遒劲

金堂科玛小镇

法国风情的色块下，科玛小镇拥有的依旧是典型成都自然的和谐之美框架。沿沱江绿道行走，波光粼粼中，鱼翔浅底，斑斓天空里，飞鸟翱翔。

以德国数学家莫比乌斯命名的环，化作五岔子大桥横亘在府河上。60 公里之外，横跨沱江的一座欧式斜拉大桥，有着米黄色的桥身，桥拱门呈现法国凯旋门式的典雅，也是成都众多桥梁中最适合拍照“打卡”的存在之一。

桥连接的沱江之滨，和淮口古镇千年历史隔江对望的，正是金堂科玛小镇浓郁的法国中世纪风格。一中一西，历史的、国际的、时尚的……因科玛小镇的这座桥，成都的多种性格得以串联。

如果说白鹿镇借鉴普罗旺斯精髓，是百年法式风情在彭州的复苏，那么金堂淮口的科玛小镇，则是法国莱茵省首府、有着“阿尔萨斯大区的色彩”之称的科尔马在成都的嫁接。

金堂科玛小镇色彩斑斓、严谨，造型别致的屋子，仿佛童话世界。小镇之中，罗马式、哥特式、巴洛克式等风格交相辉映。

洋楼、游艇、花园、喷泉、水岸等元素和谐共融。微型的荷兰风车、埃菲尔铁塔、热气球等散落其中，皆成为成都人唯美婚纱的灵感。

在这里，沱江水流淌出的不再只是著名哲学家贺麟的家乡五凤溪，它也灌溉出龙泉山以东，“千年沱江第一湾”同兴坝子新的生机，成就成都东进主战场之一、淮州新城核心区别样的美。

如今，在观光购物、婚纱摄影之外，科玛小镇也因双创基地的打造，以节能环保为导向的工业制造领域的创新创业，而更具未来。

金堂科玛小镇色彩斑斓、造型别致的屋子，仿佛童话世界

双流黄龙溪古镇

九寨归来不看水，黄龙溪归来不玩水。成都人夏天最美好的记忆之一，就有因水而活，也因水而婀娜，滋润出新农业的黄龙溪古镇。

鹿溪河水冲入锦江，卷起江水，形如黄龙。三国时期，刘备以“黄龙见武阳赤水，九日来去”为吉兆，建立蜀汉。这构成黄龙溪历史的底色。

成都水运止于黄龙溪，乐山水道又因此而起始。水的通达，还造就了黄龙溪古码头的千帆尽发，滋润出黄龙溪中国历史文化名镇的殊荣。

镇中，石板铺就的古街道幽深，明清建筑飞檐翘角。古街道，又串起古树、古庙、古战场等黄龙溪“十古”。从龙头到龙尾，黄龙溪水沿着真龙街的中央，弯曲而下。盛夏时节，因这涓涓水流，黄龙溪成为历来为成都人所挚爱的耍水清凉地。

昔日诸葛亮厉兵秣马的古战场，如今成为以旅游业为龙头的山水风情小镇。到处是文化，遍地是艺术。四川水乡的底蕴，也因此使得《卓文君与司马相如》《海灯法师》《秦淮世家》等200余部影视片在此选景拍摄。

国家级非物质文化遗产、黄龙溪火龙灯舞每年正月等节假日如期上演之外，大型舞台剧《水龙吟》又惊艳拉开大幕。水的分饰多角，在造就黄龙溪古往今来盛景的同时，也塑造着新的格局。

遵循古镇锦江十里水线、自然水湾、青山绿水的本底特色，以“千年水码头、天府慢生活”为脉，结合成都锦江生态带和天府绿道建设，构建起山水相依、人景相生、产居相融、文旅相合的“文化＋旅游＋城镇化”特色小镇。

因与水的肌肤相亲，黄龙溪“十里八湾”未来将呈现最美“水”主题古镇。黄龙溪现代农业创意博览园——欢乐田园，集休闲旅游观光与农牧生态体验于一体，多媒体艺术与自然山水融合，原始生态中融入了现代时尚科技……这样的城镇，无疑令人羡慕。

有水必有桥，黄龙溪上的廊桥古香古色

点评官·有态度

乔晓燕

华侨城西部集团公司副总经理 /
安仁华侨城总经理

大好河山，天地之间。人，不断适应自然，改造自然，与自然和谐相处。中国人，持续在农耕文明中提炼人文思想，创造了基于不同生态环境的生产方式和生活方式。

大时代背景下，中国历史上第四次“人类大迁徙”正在上演，“新移民”需要重构空间，重建地方，重组空间与地方，重合生活理想与生活场景，重塑城乡记忆与精神地标。

于是我们惊叹于越来越多的小镇之美，体验各种小镇所带来的不同的精神享受。

在众多成都周边的小镇中，“YOU成都·新推荐”系列之“成都最有味儿的小镇”上榜十家，细品之下，或历史悠远，或诗意浪漫，或法式风情，或水乡般细腻，或充满文艺气质，各自都拥有其独特的“味儿”。

每个小镇“味儿”各不相同，但“以人为本、生态和谐、富有美学气息”是这些小镇的共同点，也是“乡村振兴”最直接的表现。它们共同谱写着“望得见山、看得见水、记得住乡愁、留得住文脉、城乡居民共同富裕”的美丽图景。

林盘花苑
绿野仙踪

2020 成都最适合发呆的美丽村落

竹里明月

只要起风时
在村里撒下种子
四季都在闪光呢

岷江水润，茂林修竹，美田弥望，蜀风雅韵，成都的田、林、水、院，一向至美如是。成都的村落，无林盘，不乡村。

天空澄澈如镜，大地绿野仙踪。在扬雄的眼里，成都的乡村被染上一派果树色，“棠黎离支，杂以梴橙，被以樱梅……树以木兰”。在左思的笔下，成都的乡村透出蓬勃昂扬的生气，“坰野草昧，林麓黝儵”。在杜甫的心间，成都的乡村却是远离市廛嘈杂的静谧之地，“城中十万户，此地两三家”。

成都周边的1000处林盘，如同天上落下的1000枚碧玉。林在院中，院在林中。林盘间的村落或昵近或悠远，或精致或大气……适于宴游闲适、优容身心。

蜀地的文气、诗韵、酒香、琴音，川西的风采、韶华、况味、思绪，既在城市的大街小巷中厚积薄发、沉积酝酿，更在周边的林盘阡陌间牧童遥指、柳暗花明，“斯盖宅土之所安乐，观听之所踊跃也”。

会心处何必在远？只需轻骑缓驾，便可于朝暮间足耳目之娱、尽旷达之兴。

“林无静树，川无停流。”岷江水奔腾不息，成都的林盘也在方圆动静之间，每每透出新鲜的朝气来。那些古朴脱俗的林盘花苑、稻乡清溪，走近一看，竟是一处处令人怦然心动的亦旧亦新。

“若云汉含星，而光耀洪流。”在一片青绿自然之间，隐着一个光芒四射的现代都市。是以这一刻，若错过了成都的林盘村落，便错过了成都。

郫都唐昌街道战旗村

小桥流水、修竹环肆、青砖黛瓦、巍巍雪山，川西坝子独有的一处绝美风景。

郫都区、彭州市、都江堰市三地交界处的柏条河畔，有一处战旗村。其名由来有个故事，1965 年时的集凤大队，在兴修水利工程中成为一面旗帜，由此改名“战旗大队”，即今日战旗村之前身。

村旁的绿道两侧，行道树与花卉怒放到难收难管。漫步其间，自可静静享受盎然的绿意。名为“战旗”，却是一派自得田园，硝烟与冲锋似在另一世界。

走进“乡村十八坊”，一如走进了一条经历时光洗礼的宝藏街。这里有包括郫县豆瓣、竹编和蜀绣在内的 18 种非物质文化制作工艺，榨油坊、辣椒坊、酱油坊……一路行来，目不暇接。无一坊无故事，无一店不传奇。名气最大的当然是唐昌布鞋，它早已成为战旗村最引人注目的代表作。

豆瓣博物馆前为店而后为坊，在此不仅能闻到号称“川菜之魂”的豆瓣香，更能亲手拿起长杆，在辣椒、胡豆和水的酱缸里搅拌，香气扑鼻，终日不尽。吕家院子的猪圈咖啡，店面千真万确是由猪圈改造而来的。在原汁原味的川西小院中，将一杯卡布奇诺端到唇边，奇异的混搭意味尽在饮者心间。

战旗村如今有两处民宿，可接待 700 余人。其中的妈妈农庄，比邻即是 450 亩的薰衣草花海，也是周边最大的一片薰衣草基地。徜徉于轻舞飞扬的紫色之中，若再加上明亮通透的阳光，与普罗旺斯相比，似也不遑多让。

巍峨壮观的雪山之下，有绿树、青瓦、鲜红的豆瓣、绛紫色的薰衣草……战旗村就此沉浸在饱和的色彩里，染上一身锦绣斑斓。

巍峨壮观的雪山之下，战旗村
彩染上一身锦绣斑斓

崇州道明镇竹艺村

在竹艺村流动的空间中，雨夜听瀑、晴天观影，找寻不一样的心情。

从主城区向西驱车 50 公里，拐进一条松柏挺立的笔直道路，就进入了道明竹艺村。

没有村门，没有门牌，没有石碑红字，只有一个偌大澄净的村子，全息式地打开。近处的田畦菜地，庄稼沉默生长，远处的茂林修竹在等风。高树绿林掩映下的院落宅子，炊烟袅袅时才知有人家。小路边上抽旱烟的老人，目光停于天边。

仅仅停留于野趣与乡愁，似乎稍显迂腐。毕竟此地正以艺术之名，以探寻乡村建设的可能性而展开。早已名声在外的建筑竹里，凭借“竹内有筑、竹里有院、竹外有田”的诗意，被物化为一种光影的追逐，一种空间语言的对话。这种空间想象，令天光云影、风雨霞蔚都成了建筑的一部分。

两叁窝商业街，刚刚在初夏时节进行了一次换装，寻求更惬意的舒适度。巷口、街沿增添了花箱，墙面点缀了爬藤花枝，令院落隐匿在花丛间。新增的 30 多种花卉，随意抛洒在各个角落，使整条街巷更加鲜活。

这里既有归园田居，也有延续千年的编织竹艺；既有带来新生力量的新村民，也有点亮乡村的新建筑。散落周边的归野和青旅无间等民宿，可观青山烂漫，可聆鸟语蝉鸣。

远离纷扰都市生活的安静与祥和，在这里一一呈现。

这里只有一个偌大澄净的村子，全息式地打开

蒲江甘溪镇明月村

与其说明月村是世外桃源，不如说它就是生活本来的样子。

有竹林，自然就有竹笋，明月村的泡雷竹笋尤其美味。那笋比洗澡泡菜多泡两天，剥去嫩笋壳依旧脆爽，酸中带甜带鲜，入口尤为清冽。

但距成都 90 公里的蒲江县甘溪镇明月村，却不只有竹笋和茶园，那里的人文景致与乡村生活交融一体，还有着城市中罕见的人情味。

这里本来就有一处明月窑，如今你既能遇见沉迷陶艺的艺术家，也能与背背篓戴斗笠的画家擦身而过。“远远的阳光房”更有一座始建于 20 世纪 50 年代的川西院子，2015 年成为草木染工房之后，可以在此种植板蓝根及采摘植物用于草木染。旅人在这里染一块布、品一壶茶，既与自然相处，也放任自己由此步入诗意境界。

松林桂树，浅丘薄雾，杨柳依依，明月皎皎。匠人与艺术家、旧识与新知、从城市人变来的乡下人，在这里日出而作、日落而息。春日挖竹笋采明前茶，夏天看陶器在手下成形，秋日把酒当歌吟诗抚琴，冬天日览书籍夜观星空。明月村的琴棋书画是美，油盐酱醋亦是美。

明月村的民宿亦多出自名家之手。“明月樱园”由画家何多苓设计，是一组白色唯美的极简主义建筑群，1000 平方米的超大露台可以做很多异想天开的事；隐在松林茶田间的“朴园”，则是一座精致的木结构四合院，展示着华夏古建筑之美；“呆住明月”的设计者赵晓钧也是水立方的总设计师，其以“呆禅”为灵魂，给住在这里的人一个感受静心自在的入口。

明月村的美学就是好好做梦，好好醒来，好好感受每一秒、每一分、每一刻。

可望见雪山的明月村

“远远的阳光房”半开放的草木染工房

温江万春镇和林村

无丝竹之乱耳，无案牍之劳形。和林一宿，快意自足。

温江万春镇和林村，是可以载入史册的一处田园，因为从这里飞出了一首感染亿万国人的歌曲。

1980 年，《歌曲》月刊的编辑陈晓光在和林村深入体验生活，“田野中点缀着一个个竹林盘，林盘中有不少农户盖起了新房，傍晚时分炊烟袅袅，那景象真美。”深受感染的陈晓光，写下了“炊烟在新建的住房上飘荡”这句歌词，继而又变成了《在希望的田野上》这首 20 世纪 80 年代几乎无人不知的歌曲。

如今的和林村，既是古蜀鱼凫农耕文化的发源地，也是温江为数不多的、保留着传统大田种植方式的纯农村区域。希望的田野一如往日，而青瓦白墙的川西小院、篱落疏疏一径深的林盘、开窗见田推门见绿的风光，已经成为今日和林村的名片。

更具盛名的还是五颜六色的水稻。利用水稻美化栽培技术，和林村在 10 亩田野上绘出了“熊猫嬉戏”“远古春耕”“鱼凫神鸟”等巨幅图案，吸引了上万游客前来“打卡”。每年的“开秧门”活动，也能让游客亲身感受将秧苗插入水田的农人之趣。

在和林村小住，既可以选择周家院子这样的传统院落，也可以前往开业不久的“栖轩社林”民宿。栖轩社林上下两层皆由实木打造，楼阁、梯台、房门、卧榻无一例外。

院内是中式简约的复古韵味，避世不闻的恬静之趣；院外则是瓜果飘香的氤氲，阡陌交错的田园风景。

蝉声沉落，蛙声响起。

“栖轩社林”民宿，上下两层皆由实木打造

邛崃平乐镇花楸村

此间的恬静悠然，若不亲身前往，妙处难与人言。

深山藏古宅，悠然见花楸。

邛崃市平乐镇花楸村，离成都市区101公里。每接近一分，茶香和古建筑的幽然便近一分。层峦叠翠、树木葱茏、溪流淙淙，在森林覆盖率超过80%的花楸村，空气清新得令人不起归意。

花楸之茶，宋朝即已扬名。《元丰九域志》载，“平乐一镇，火井一茶场。”清嘉庆《邛州志》记载，“有火井茶场，邛州贡茶，造茶为饼二两，印龙凤行于上，饰以金箔，每八饼为一斤，入贡，俗名砖茶。”清代，花楸茶作为贡品被送进紫禁城，康熙御笔“天下第一圃”，距今也已好几个世纪。

花楸的半山腰上，有众多的明清古院落，最具代表性的是清代商人李洪楷所建的李家大院。前后历经56年才完全竣工的这处宅院，台、梁、阁等建筑构件均为木质，共有房屋149间。如今的屏风、门环、春凳、匾额，无不传递着跨越时空的信息，如同昨夜星辰昨夜风。

花楸村如今有十余家客栈，散布在李家大院—花楸茶树园的环形游线上，方便来客游住一体。夏日昼长夜短，花楸村也设置了露营专区。在清凉山野之中、虫鸣鸟语之间细看星辰升降，亦是好风如水的良夜。

如今的花楸，依旧保持着世代传承的淳朴、真诚与平和，让远来的游人有如归家。

花楸之茶在宋朝即已扬名

大邑稻乡渔歌林盘

归真返璞的大美何如？由稻香和渔歌可知。

从成都市中心一路向西，只需驱车39公里，在穿越一片茂林修竹、沃土良田之后，便可踏入大邑县祥和村的稻乡渔歌。乡村绿道如金线一般向田野深处和林盘尽头延伸，并将艺术中心、民宿和膳食博物馆等建筑串联起来。

原来的祥和村，全村仅有两条水泥路。如今却绿道、湿地、农田大地的景观，有稻香鱼肥的诱惑。乔木、竹林、河流、耕地……团团簇簇，生长为一片亲和宜人的居所。虽由人作，宛似天然。

流觞曲水本是古人的雅趣，稻乡渔歌的曲水流觞，却在古人的风雅之上，更增添了一份现代情怀。当稻香中炊烟四起，悠闲的游人围坐在水道两侧，看一盏盏美食顺水潺潺流动而来。幕天席地，觥筹交错，食物的香气混合流水的清新，如在晋人的画中游。

艺术中心里可体验多种手作：竹编制作、胸花工艺、手绘丝巾……一方风物，自有一隅安逸。建筑大师隈研吾，则为此处送上一座膳食博物馆。竹子、木材、泥砖等自然材质的使用，构建出余味悠长的情感语境，不以现代手段遮蔽田园朴实之美。

天色由明而暗，万物由熹熹光亮渐入黄昏。夜色中的稻乡渔歌民宿静静伫立，等待着旅人的安眠。在闲趣朴质的房间中，看落地窗外的天色渐黑。从浴室的花瓣浴中抽身而出，陷入枕头上薰衣草的馨香，伴着虫吟蛙鸣的浅斟低唱，步入香甜一梦。

第二天唤醒你的不是闹钟，而是鸟语花香、薄雾朝露。一壶茶、一卷书，坐看天边云卷云舒，稻乡渔歌美好的一天开启。

在民宿的庭院里，
可坐看天边云卷云舒

蒲江成佳镇麟凤村

花开麟凤，五彩遍地，再加一壶新茶、二三知己、百亩茶园、千顷松林。

在一片郁郁葱葱的马尾松林、碧波万顷的生态茶园、五色缤纷的七彩茶林和碧玉带一般的绿道环绕中，麟凤村露出了笑容。

蒲江县成佳镇的麟凤村，距成都市市中心 80 公里，车程约两小时。这里是绿道、茶田、花卉和民宿集聚群。

茶香溢彩洒满园，慢游静享行绿道，经过对原有的机耕道、游步道及河渠道进行整合改建，麟凤村的绿道将茶圃、餐饮和民宿联结起来。若要风驰电掣，自行车比赛的车轮会在一瞬间奔腾致远；若要好整以暇，可以在绿树下漫步一整天。

蒲江境内现存唐宋时期的茶马古道遗迹，是蒲江产茶的历史印记。麟凤村的茶林在松海之侧，茶香里融合着松香，令名茶“雀舌”更加不比寻常。在这里，可以体验从采茶到制茶、从茶艺到茶道的全套茶文化。即便踏着满心愉悦归去，步履仍然有茶香缠绕，三日不散。

麟凤的民宿，也如此与茶相伴相随。良禽择木而栖，是以良栖小筑民宿，用意在将舒适惬意提升到一个新高度；枣子宿三层小楼古色古香，院落中蓑衣、石磨、蒲扇勾勒出一幅“斜风细雨不须归”的意境；松林居紧邻松林，清晨一睁眼，耳中是林中的鸟鸣、鼻中是鲜花的清香。

无论哪间民宿，庭前几乎都是花卉满园。此处浮生即或如梦，也是一场但愿长久，切莫骤醒的美梦。

在这里，可以体验从采茶到茶道的全套茶文化

彭州龙门山·柒村

在柒村，没有寂寞的人。

龙门山麓的柒村，并不是孤零零的一个村落，而是君山、庙坪、小石、蟠龙、石门、花坪和高峰七个村落。柒村有峰有谷，有河有湖，有树有竹。

柒村有一座金城窑，源自宋代的古窑，如今再度经历 1300℃的高温炙烤。经过纯手工拉坯、晾晒、上釉、装窑、烧窑和冷窑之后，开窑那一刻承载着无数期待。而也许从窑边拐个弯走上两步，便可在林中邂逅一桌盛宴。互不相属，却又暗暗互通。

陶器是柒村的过往，而彩虹跑是柒村的现代。不分性别、不分年龄、不分界限， 在途中不同的彩色站，被抛洒不同颜色的纯天然彩色玉米粉，然后带着一身斑斓活力冲过终点，去享受一顿柒村地道的杀猪饭。 黄昏入夜，来客的兴致却丝毫不减。

柒村的民宿是按聚落来打造的。既有“无所事事”这种用超大空间来打造仅仅 5 个房间的精品民宿，也有“蟠龙精舍”这样注重禅意之美的处所。

村野的乐趣不仅在于新鲜的空气，也在于人和自然的合一、文创与艺术的交融。柒村热闹、有趣，因活色生香，便乐而忘返。

村野的乐趣不仅在于新鲜的空气，
也在于人和自然的合一

郫都三道堰镇
青杠树村

行在清风里，睡在花丛间，举目皆适，动静皆宜。

青杠树村的村口，置着一句话，大意是无论何时，鲜花给予我们的温暖都会在。

这座距成都市区 17 公里、位于郫都区三道堰镇徐堰河与柏条河之间的村落，早年是一处水陆码头。如今它既保留着传统川西坝子的特色，又展示着“林院相依、院田相连、田水相映”的水乡田园风光。但它被评为“中国十大最美乡村”之一的原因，可能还是因为它的青绿林盘，以及遍地的繁花似锦。

白云流动，鸟叫蝉鸣。从青杠树油纸伞长廊往湖边 50 米，是一片开满荷花的水面。清风拂过，荷叶上的水珠在阳光下四处游走。白乐天“大珠小珠落玉盘”的诗句，当是最恰当的形容。绿荷红菡，清幽自在。

当然不仅仅只是荷花。凌霄花带着火红，跃上高枝；牵牛花被藤蔓拥抱，垂下墙垣；越是烈日高照，美人蕉越是明艳；蓝天下的紫薇花，给整个村落笼上一层浪漫。时刻有丽人在明媚的花旁浅颦低笑、眉目动人，惊艳了青杠树村的四季。

行走的时刻漫长而尽兴，歇息的片刻更显珍贵。青杠树有花筑 · 成都村子哩民宿和品道青杠民宿，让旅居不仅是出行，更是一种回归。

虽然是 AAAA 级景区，虽然餐饮民宿游船一应俱全，但青杠树村的商业气息并不浓厚。

“两江碧水抱村流，百岁青杠挽渔舟。”

在青杠树村质朴自然的空气里，藏着一个令无数游人心向神往的水乡花境。

村里的民宿让旅居不仅是出行，
更是一种回归

大邑安仁镇南岸美村

所有岁月霜花的心事，都能化在一壶时光酿造的好酒里。

仰不愧于天，俯不怍于人。俯仰天地间，是一处隐野天蓝、穿花见水的林盘庄园。

清源村，大邑安仁镇一处极美的世外桃源。这里有清朗的川西坝子、淳朴的川西民风，用“农创 + 文创”解锁之后，就成了阳光倾城、细雨情动的南岸美村。

清源村的老作坊酒厂，诞生于改革开放初期，四十载酒香飘过，它成为地域发展的记录者，却也被时光漂去了光彩。2016 年，华侨城以“修旧如旧”的原则对它进行保护性修缮，让建筑呈现本来的样子，却更有质感。

在这个田园风光的“乡村客厅”里，不仅有会呼吸的酒，还有会呼吸的外墙、屋顶、桌椅。这里有醇酒，有咖啡，有幕天席地的乡野小火锅，有刚刚好的下午茶，只期待悠闲和时间。

斜江河南岸的阿兰若民宿，则是成都村落民宿中最高端的存在之一。因王安石《草堂怀古》诗中的“周颙宅作阿兰若，娄约身归窣堵波”，得名阿兰若，意指一切如森林般清幽的美好。

自 2019 年进驻以来，阿兰若民宿已成为成都周边知名的隐奢型酒店。逼真又梦幻、妩媚又神秘、高雅又自然，这便是阿兰若的诗意。

脱胎换骨的微风，正吹过斜江河南岸的每一寸土地。而美村的每一处景致，都在等待你来。

美村的每一处景致，都在等待你来

点评官 · 有态度

宁远

远家 YUANJIA 品牌创始人 /
写作者 / 明月村新村民

成都平原的林盘村落不是“世外桃源”的感觉，恰恰相反，它们都有入世的烟火气，呈现出生活本来的样子。

在明月村的五年，我们看见了这座村落的变化，它更现代更包容了，但又有很多不变的东西，我想和大家一起守住的正是这种不变。

不变的是什么呢？我每一次上高速下高速，车子拐进村道的时候，都会有被什么迎面而来的东西安慰了的感觉。那种日常的美感，有抚慰人心的力量。

在城市里奔忙的我们，来到村里，会感觉到度过时间的方式是不一样的，每一秒都有它的意义。乡村生活有很多奥秘，是大自然的丰沛馈赠和悠长岁月留下来的智慧，托它们的福，我们才能在这儿做自己。

在与原住民（老村民）的相处中，我不仅仅感受到人与人之间单纯的信任，还学到了谦卑。这块土地生生不息，我们只是路过它们。

来自“成都粉”的新推荐

成都的更新加速，赋予了热爱她的人们持续更迭的生活场景，及延续的美好生活方式。

自由追逐多元生活的安全感，艺术、文博、产业、运动空间不断产出新动作所给予的饱满的精神获得感，周末驱车一小时即可往返周边特色小镇及村落的松弛便捷的幸福感，都以“YOU 成都 · 新推荐”为名，落地于成都的美学点位之中。

全球成都粉们接收到了自新的空间、新的美味、新的地标……传播开来的生活美学讯息，并持续发出幸福的共振。但这座城市的活力还远远没有被发现完毕。热爱成都的人接纳新鲜开放的创意与灵感的同时，也将心里的声音，以文字为媒，传递予我们。

更多的城市触角，正沿着街巷的脉络，舒展开来。对于城市，他们还有更多的声音：

“十种生活方式，囊括不尽成都生活，希望明年还能继续出新、推新。”

“玉林说不尽、道不完，没有写全，遗漏太多。”

“希望夜间博物馆能快些恢复，并出现在下一季的推荐名单中，实在想念。”

“太多成都的‘香香嘴’没有上榜，可惜。”

“若是有路线串联就更好了。”

“私藏的艺术空间没有上榜，感到遗憾。”

……

我们将大家的声音， 重新拾捡、 甄选，形成了一份“网友 · 新推荐”。

域上和美先锋剧场

推荐人 @ 望望

8000 多平方米的浸没式互动剧场，168 个演出空间，光是跑完全程就需要 3 万步。这幢橙红色巨型建筑的三个入口——“她的心脏”“梦的变奏”和“灰色地带”，供所有人进入这场浸没式狂欢。

北湖生态公园

推荐人 @KK

夜游的公园要数北湖公园最值得“安利”，开放式公园，有山坡，有湖心岛，有天府绿道，还有超长的漫步长廊，能看到远处动车在天空背景下面交错。有一个四层的观景小楼连着长廊，每次去都感叹，不论从远处看或从近处看，北湖公园都是极漂亮的建筑。

望福街

推荐人 @ 陈长谦

背靠太古里，比邻猛追湾，百米长的望福街一月内就开出了 5 家店。咖啡馆与茶铺，新潮体验馆与文创杂货铺，中古店与独立设计师店，各种传统小吃与特色餐馆……三天前刚刚来的与驻扎了几十年的，都正在这里野蛮生长。

金沙遗址博物馆

推荐人 @ 伊谢尔伦

这几年“文创”是个热词。成都给我留下很深印象的文创产品，有金沙的小金面具双耳杯，蠢萌蠢萌的，实用，又很精确地还原了金面具，是让人动心的文创。文创不是狭义的产品、商品，而更重要的乃是精神上的新意。白夜的系列活动、方所的书店论坛，还有新山书屋的独特视角，都是值得珍惜的在文化和创意上的观念的体现。

袁百万牛杂火锅

推荐人 @ 徐徐

即使在成都这处火锅四溢飘香的城市，袁百万牛杂火锅依然打出了自己的特色：“麻辣牛杂火锅”“能喝汤”“只卖鸳鸯锅”。也难怪每至饭点，科华路上这处亮绿色的店门前就排起了长队。“微辣是最后的底线，拒绝鸳鸯锅”的成都人，面临了味蕾史上最严峻的考验。

大慈寺国际青年社区

推荐人 @ 森宇

与大慈寺一墙之隔的，就是成都最潮流最酷的大慈寺国际青年社区，无处不在的涂鸦像是年轻人的酷炫旗帜，不仅吸引滑板爱好者来此聚集，也“诱惑”着对滑板文化好奇的路人们。

青龙湖湿地公园

推荐人 @ViViAN

漫步青龙湖，平静的湖面会被鸟儿突然打破，白鹭、百灵从树丛里蹿出来，朝湖面飞去，戏水后就直上云霄。风景园林的美引导人们迈开脚步，园林变为了游憩的空间。

龙泉桃源村

推荐人 @JOYCE

龙泉山上，桃林深处，有一处醉人的桃源花海——桃源村。每年五月，花香退去，沉甸甸的果子垂在枝头，饱满且散发着香甜的味道，整座村落也成了粉嫩可人的模样。可观览，可漫步，可采摘，聚集了所有闲适的休闲方式。

成都蓝顶艺术区

推荐人 @ 栗子

推荐自己经常去逛的蓝顶艺术区，前段时间才去美术馆看了展。除美术馆，近来也有好逛的店入驻其中，比如木作家具店、设计工作室，也有好出片的网红旋转楼梯、民宿空间、咖啡酒吧等。非常适合每周末去消磨时光。

彭州桂花镇

推荐人 @ 文雯

有味儿的古镇，怎能少了有“西蜀陶艺之乡”美誉的桂花镇呢？桂花镇从明代便开始烧制陶瓷，工艺精湛，连四川人常用的泡菜坛子也有涉及。有常青的技艺，也有常青的山水，葛麻庵、张松墓、三圣寺、罗汉洞水库……都是值得一探的宝地。

点评官·有态度

郑晓幸

四川省文联主席/

四川省非物质文化遗产保护协会会长

成都正在悄然更新。

成都有美景，有美食，有千年来逐渐形成的精致、和缓、温文尔雅的生活美学，如今更是精彩纷呈得让人“闲不下来”。

一座呈现大美形态的公园城市，正在当代成都人的手里、眼里逐步成型。

近年来新落成的园区、场馆，新开启的空间、小店，新改造的街区、小镇，都体现着创意、设计、艺术对生活之美的深刻影响，它们把成都这座城市的传统与当代性相结合，不断拓宽着成都人生活美学的内涵。

“YOU 成都·新推荐”正当其时。

它是对成都公园城市形态的一次集中展示：藏于市井中的创意街区、街头巷尾的书店花艺、奢侈品店中的艺术展、林盘村落里的特色民宿……这 100 多处潮玩地、街区、美食、小镇、村落和文创空间等，如同 100 多颗光芒四射的珍珠，散落在成都平原上，共同构建起中心作用突出、职能互补、等级分明的城市休闲目的地体系，推动美学体验和城市文化融入衣食住行游购娱，令更加丰富美好的城市生活体验成就独特的休闲意味。

它是在公园城市建设背景下，对于能够彰显天府文化魅力的公园城市新的消费体验场景的一次集中推介。它向所有热爱成都、向往成都的人发出了热情的召唤，在他们面前铺开了一张成都最新鲜的地图，标注了上百个清晰的路标，用“有一种生活美学叫成都”的口号，在无数没来过成都、来过成都，还想再来、来了还不想离开成都的人心中，“种了草”，等待发芽。

这一次的“新推荐”，再次在全国乃至全球范围，唱响“有一种生活美学叫成都”的城市口号，实力提升了城市的品牌和美誉度，让“像成都人那样生活”，变成一种触手可及的生活理想。

而生活在成都的我们，很浸润，很走心地体验到这个城市的优雅时尚和安逸舒适，生活在这样一座城市，市民很幸福！

YOU 成都·新推荐

* 部分村 / 镇及开放性的街区 / 绿道
具体地址未列入

地址清单

成都最值得打卡的时尚艺术空间

• 极星成都生产基地
天府新区新兴街道天工大道 1280 号

• 成都博物馆
青羊区小河街 1 号

• iF 成都设计中心
高新区天府五街 200 号菁蓉汇 C 区 1-2 楼

• 成都城市音乐厅
武侯区一环路南一段 45 号

• 成都华珍藏羌文化博物馆
邛崃市邛窑考古遗址公园内

• 知美术馆
新津区君山路 1 号

• 成都当代影像馆
金牛区金府巷与中环路金府路段交叉路口北侧（府河摄影公园）

• 化工场实验艺术空间
成华区崔家店南路

• 鹿野苑石刻艺术博物馆
郫都区新民场镇云桥村

• 麓湖 · A4 美术馆
天府新区麓湖生态城艺展中心

• 轻安
高新区天府一街铁像寺路 88 号

• 许燎源现代设计艺术博物馆
锦江区红砂联合 3 组 303 号

成都最有元气的街区

• 成都音乐坊
一环路南一段、新南路、锦江所围合的钻石型区域

• 文殊坊
青羊区文殊院街 66 号

• 猛追湾望平坊
成华区蜀都大道东风路与望平滨河路交叉路口东侧

成都最撩人的美味

• 吼堂老火锅
锦江区东大街下东大街 166 号

• 金熊猫餐厅（宽巷子店）
青羊区宽巷子 29 号

• 张烤鸭 · 冒烤鸭（青石桥总店）
锦江区青石桥中街 1 号青石桥海鲜市场 3F

• 马旺子
锦江区大慈寺东糠市街 1 号

• 廊桥 THE BRIDGE
锦江区滨江东路 66 号

• 马路边边麻辣烫（致民路直营店）
武侯区致民路 48 号

- 转转会（会展店）

高新区世纪城路 198 号附 5956 号

- 私飨 · 意境文化川菜（太古里店）

锦江区中纱帽街 8 号成都远洋太古里东里 2 层

- FireBird 现代法式炭火料理

高新区府城大道仁和新城 A 座 2F

- 集渔 · 泰式海鲜火锅（科华店）

武侯区科华街 5 号附 2 号

成都最适合打望的夜游地

- 成都五岔子大桥

高新区府河沿线（西临世纪城会展中心，东接中和片区）

- 天府沸腾小镇

新都区叠秀路

- 夜游锦江

锦江区天仙桥滨河路东门码头附近

- 成都兰桂坊

锦江区水津街附近

- 成都味道 · 339 时尚夜消费

成华区猛追湾街 94 号

- 文轩 BOOKS 招商店

成华区杉板桥路成都招商花园城 1F-3F

- 成都华侨城欢乐里

金牛区西华大道 16 号

- 天府芙蓉园

武侯区金花桥街道

- 建设路夜市

建设巷与建设路交叉十字路

- 夜猫子夜市

青羊区西大街 1 号新城市广场

成都最高光的文创空间

- 成都漆器工艺厂

青羊区蜀华街 72 号

- 毛边书局 · 桃蹊书院

成华区怡福路 300 号

- 白夜

青羊区窄巷子 32 号

- 方所成都店

锦江区中纱帽街 8 号成都远洋太古里 M68-70 号

- 岩羊手工杂货铺

武侯区高升桥高华二街 35 号成都 A 区一楼

- 集火实验室

青羊区东城拐街 3 号

- 三联韬奋书店（成都）

青羊区窄巷子 30 号院落

- 新山书屋

成华区杉板桥路天荟 · 万科城市广场 2F-007

- 完美文创公园

成华区二仙桥西路 32 号完美文创公园

- 院子文化创意园

武侯区玉洁巷 3 号

成都最燃的运动空间

• **锦江绿道江滩公园**
高新区世纪城路

• **尖峰旱雪四季滑雪场**
新都区北星干线成德大道北星小区斜对面

• **WePark 玩湃社区智能足球公园**
成都市少城街道通惠门路

• **锦城绿道自行车高速路**
锦城湖至青龙湖

• **文轩体育文化中心**
锦江区桦彩路 89 号

• **天府鹿溪智谷国际网球公园**
天府新区鹿溪智谷绿道起步区内

• **TPS 弓箭手营地射箭主题生活馆**
金牛区天回镇万石路中铁高科技产业园 A6-2

• **成都融创文旅城雪世界**
都江堰市成都融创文旅城

• **头道沟户外运动公园**
双流区黄甲镇航枢大道二段

• **成都金马湖马会**
温江区金马镇锦绣大道

成都最有排面的绿道潮玩地

• **龙泉山城市森林公园丹景台**
龙泉山城市森林公园内

• **江家艺苑**
锦江区湿地路

• **成都露天音乐公园**
金牛区北三环路二段

• **智谷绿道**
天府新区鹿溪智谷核心区内

• **兴隆湖**
天府新区天府大道南二段东侧

• **熊猫绿道**
成都市三环路

• **凤凰湖生态湿地旅游度假区**
青白江区环城路北段

• **天府国际慢城旅游景区**
崇州市街安路

• **交子公园**
高新区天府大道北段东侧

• **桂溪生态公园**
高新区天府大道北段

成都最开脑洞的产业园区

• **梵木创艺区**
龙泉驿区东洪路 666 号

• **德必川报易园**
锦江区桦彩路 158 号

• **明堂创意工作区**
青羊区奎星楼街

• **少城视井文创产业园区**
青羊区东胜街 40 号

• **成都西村文化创意产业园**
青羊区贝森北路 1-5 号

• **1906 创意工厂**
武侯区高攀路 26 号

• **中国医学院整形外科医院 · 西南中心**
高新区天府大道中段 688 号

• **峨影 · 1958**
青羊区清江东路 360 号

• **成都国际非遗创意产业园**
青羊区光华大道二段 601 号

• **天府农业博览园**
新津区成新蒲快速路

成都最有味儿的小镇

• 大邑安仁古镇
大邑县迎宾路

• 彭州白鹿镇
彭州市小夫路

• 郫都三道堰古镇
郫都区三道堰镇文昌街

• 都江堰诗歌音乐研学小镇
都江堰市柳街镇七里诗乡青城湾

• 邛崃十方堂文创小镇
邛窑大道南段与凤凰大道西延线交叉路口西南侧

• 崇州元通古镇
崇州市平安路

• 龙泉洛带古镇
龙泉驿区三峨街

• 蒲江西来古镇
蒲江县寻古街 1 号

• 金堂科玛小镇
金堂县滨河路与银履街交叉路口往南

• 双流黄龙溪古镇
双流区黄龙溪镇镇龙街

成都最适合发呆的美丽村落

• 郫都唐昌街道战旗村
郫都区沙西线

• 蒲江甘溪镇明月村
蒲江县明月路

• 崇州道明镇竹艺村
崇州市重庆路

• 温江万春镇和林村
温江区万春镇鱼高燃路附近

• 大邑稻乡渔歌林盘
大邑县董场镇祥和村 11 组 29 号

• 蒲江成佳镇麟凤村
蒲江县成佳镇西成路附近

• 大邑安仁镇南岸美村
大邑县安仁镇清源村

扫码获取“YOU 成都 · 新推荐”
线上专辑

采编
彭娟 / 杨培 / 李昀筱 / 王游之 / 林燕 / 陈梦奇 / 程启凌 / 彭何

摄影及图片鸣谢（排名不分先后）
王效 / 方正 / 宁远 / 小喜 /PH7 摄影团队 / 陶冶 / 夏战战 / 鹏少 / 唐茂 / 吕九一 / 齐飞翔 / 郑闯 / ZC / 伍斌斐 / 赵滢 / 沈晓帅 / 苏哲维 / 丸摄影 / Little Travel / 無早 nomorning / Mstudio / 一介 / 成都映象 / 文殊院 / 交子金融控股集团 / 成都龙泉山城市森林公园管委会及各推荐点位相关机构

特别鸣谢
成都各区（市）县融媒体中心

有 一 种 生 活 美 学 叫 成 都